| 光明社科文库 |

马克思共同体思想的
哲学研究

徐　宁◎著

光明日报出版社

图书在版编目（CIP）数据

马克思共同体思想的哲学研究 / 徐宁著 . -- 北京：光明日报出版社，2020.3

ISBN 978 - 7 - 5194 - 5644 - 3

Ⅰ.①马… Ⅱ.①徐… Ⅲ.①马克思主义哲学—共同体—研究 Ⅳ.①B0 - 0

中国版本图书馆 CIP 数据核字（2020）第 036750 号

马克思共同体思想的哲学研究
MAKESI GONGTONGTI SIXIANG DE ZHEXUE YANJIU

著　　者：徐　宁

责任编辑：史　宁	责任校对：张　幽
封面设计：中联学林	特约编辑：张　山
责任印制：曹　净	

出版发行：光明日报出版社

地　　址：北京市西城区永安路 106 号，100050

电　　话：010-63139890（咨询），010-63131930（邮购）

传　　真：010 - 63131930

网　　址：http：//book. gmw. cn

E - mail：shining@ gmw. cn

法律顾问：北京德恒律师事务所龚柳方律师

印　　刷：三河市华东印刷有限公司

装　　订：三河市华东印刷有限公司

本书如有破损、缺页、装订错误，请与本社联系调换，电话：010-63131930

开　　本：170mm×240mm		
字　　数：165 千字	印　　张：15. 5	
版　　次：2020 年 3 月第 1 版	印　　次：2020 年 3 月第 1 次印刷	
书　　号：ISBN 978 - 7 - 5194 - 5644 - 3		

定　　价：88. 00 元

前　言

　　马克思的共同体思想贯穿马克思思想发展的全过程，集中体现了不同历史阶段随着所有制形式的更迭所表现的共同体样态——自然共同体、资本主义虚假共同体以及未来所要建构的自由人联合体。这一思想所要解答的核心问题是人类何以创造一个"自由人联合体"，并以此为发展旨归最终实现人的自由全面发展的问题。相对于资本主义"虚假共同体"而言，马克思所设想的共产主义阶段的"自由人联合体"就是指在生产力高度发达条件下，人类具备了超越人对物的依赖性的能力而使自由劳动发展成为人的需要，并在这一阶段实现了以人为目的的共同体本质。马克思考察了人类历史上真实存在的自然共同体和资本主义虚假共同体，认为两者的历史局限性虽然各有不同，但却又共同表现为生活于其中的人的发展的片面性和不自由状态。马克思在历史发展的视阈中找到了破解共同体发展局限性的方法论原则，即从真正共同体的立意出发，扬弃资本主义虚假共同体，克服国家和市民社会的分裂结构和资本逻辑的利己性质，以人类社会进步和人的自由全面发展为价值诉求，消解国家产生的条件，走向"自由联合体"实现人的共同体本质。

正文分为六章，其主要内容概述如下。

本书前三章在历史唯物主义哲学的统摄下，对马克思共同体思想的理论渊源及其生成和确立予以考察，通过分析马克思共同体思想的生成逻辑、发展逻辑，揭示出马克思以"自由人联合体"的最终结论高度概括了个体与共同体关系的辩证法，其超越意义就在于突破了局部的、血缘的、民族性等的共同体形式，把其共同体思想建立在对阶级的科学分析之上。真正的共同体必然是去除了阶级压迫和国家桎梏的自由形态，摒弃了资本的虚假性和抽象性，同时也克服了人和社会的全面异化状态，恢复本真意义的真实共同体。这是一个汲取资本主义虚假共同体所取得的一切肯定成果，经过资本的物质文明之后，扬弃资本所建立的虚假共同体，使世界历史构建在"自由人联合体"的广度与深度之上的历史发展过程。本书第四章从马克思关于人类社会发展的"人的依赖性"阶段、"物的依赖性"阶段、"自由与全面发展"阶段切入，分析马克思的共同体概念嬗变所依次对应的"自然共同体""资本主义虚假共同体""自由人联合体"三种形态，探析马克思共同体思想的主要内涵和本质特征，并通过确定和理解马克思在不同语境下所特指的每一个共同体的概念，发现、重估和激活马克思共同体思想的时代价值。本书的第五、六章重点分析马克思共同体思想的当代价值。辨析、批判自由主义、功利主义和社群主义思潮关于共同体建构问题的核心主张，阐发人类社会进入全球化的时代，中国特色社会主义隐去了"历史的终结"论的喧嚣在中华文明广博的包容性中对马克思共同体思想的创新性发展。

目 录
CONTENTS

绪　论

第一节　选题缘由及意义

　　马克思共同体思想着眼于 19 世纪的西方资本主义国家，理论上重在解决一个矛盾问题，即在阶级存在条件下，资本主义虚假共同体中现实的个人"不是作为个人而是作为阶级的成员处于这种共同关系中的"①。因此，现实的个人所处的资本主义虚假共同体与有个性的个人所处的自由人联合体形成了实然和应然的矛盾。质言之，历史的演进中社会的主体不是"现实的个人"，而是他们所属的阶级。在阶级社会条件下，共同体与个体的关系及人最终在共同体中实现人的本质问题是马克思共同体思想的历史视野、发展诉求、和人学价值。马克思倡导的"自由人联合体"思想与资本主义社会的利己主义法则所导致的共同性（commonality）丧失的实际后果显然

① 马克思恩格斯选集：第 1 卷 ［M］．北京：人民出版社，2012：201.

是对峙的，这表明资本主义虚假共同体的私人社会的状态与马克思共同体思想倡导的共同体社会在价值领域和人类社会发展的前途命运观上是迥然不同的。从历史发展的视阈审视，以私有财产为前提的资本主义虚假共同体，是导致共同性丧失的异化社会根源。共同性危机的背后反映的是人权和国家观念的确立问题，这一问题至今并没有合理解决，因此，还有非常深广的问题域值得探索。

　　人在"生产—交往形式"共同体中如何才能实现马克思指出的从古代共同体—现代市民社会—自由人的联合体的提升？1944 年哈耶克在《通往奴役之路》中提出社会主义之风迷惑了西方世界的民主国家，而作为西方文明基础的个人主义和自由主义价值观，却渐渐被人遗忘。哈耶克打着反集权主义的旗号，控诉希特勒的国家主义、斯大林的社会主义以集体主义为原则凌驾于个体之上，因而集体主义在哈耶克眼中被贬斥为法西斯主义，是摧毁自由的力量，最终导致"奴役之路"。1971 年罗尔斯发表《正义论》，全面回应了马克思批判古典自由主义的理论成果，并改良了自由主义理论的潜在缺陷，将自由主义推进到新自由主义阶段，以其自由主义传统的个体价值取向，成为欧美国家的主导性叙事。新集体主义（communitarianism 亦被译为社群主义，共同体主义）在 20 世纪 80 年代以批判罗尔斯的新自由主义为靶向，站在"个体"和"共同体"的密切关系上对自由主义进行反思和批判，主张自由主义需要以一种"共同体"观念为基础，倡导以整体主体为原则的社群理念。"共同体"问题在思潮争辩中日益凸显。新集体主义因回应了《正义论》所产生的理论效应而引发关注，其理论主要是围绕个人权利与群体公益的矛盾，主张自由主义需要以一种"共同体"观念为基础，倡导以整体主体为原则的社群理念。其代表人物桑德尔在《自由主义与正义的局限》中强调共同体主义就是要补充自由主义缺失的共同善的人际联结，他批判自由主义的个人原则是一种独立于共同体的"无羁绊的自我"，使得构成性的自我和共同体缺失，因而有正义缺陷问题。桑德尔主张人应该作为权利的建构主体，作为善的选择主体成为"有羁绊的自我"。社群主义与自由主义的核心争论问题不是社群本位还是个体本位，而是权利与善的优先性问题。社群主义没有批判资本主义的私有制价值观，而是从其"个人至上"的权力观所引发的道德危机层面去谴责。实际上，社群主义反驳自由主义的立论仅仅体现在资产阶级意识形态内部的私利与公益、权利与善等的问题。综合来看，近代社会理论界的各种思潮在关于是以个人权利的绝对性对抗共同体整体的正义还是反之，问题并没有在两个极端中得到解决，只是资本主义国家内部社会治理所发出的不同声音。鉴此，马克思共同体思想在当今时代，依然是思潮辨析的有力武器，值得深入思考挖掘其理论应有的超越性价值和时代担当。

马克思的共同体思想是马克思主义的重要理论内容，深入研究马克思的共同体思想，对于深化和拓展马克思主义理论研究，审视人类社会发展历程中的各种共同体形态，建构符合人类社会发展规律、有利于人的生存发展的共同体，具有重要理论意义和实践意义。马克思共同体思想以"现实的人"为逻辑起点，揭示了唯物史观关于人的全面发展的实现路径。从个人与集体、利己与利他、利国与利群高度寻求休戚与共、利益汇合、情感共鸣、使命一致和责任担当的共同体建构纽带，回答了人与自然、人与人、人与社会的共生互进关系，为新时代培育"人类主体"意识，共同面对和解决人类命运问题提供了理论依据。运用马克思共同体思想，可以实现育人、达人，提升多层次共同体交往的丰富性，达成不同历史文化背景的多元主体共生的人类命运共同体价值共识以促进哲学研究所关照的两个价值目标：人的发展和社会的进步。马克思共同体思想对于全球化时代的国际交往、国家治理、现代性危机等问题，提供了前瞻性的思维方式和价值指导。

第二节　文献综述与国内外研究现状

马克思的"共同体"思想是马克思理论的重要组成部分，在对马克思"共同体"思想文本进行深入解读的基础上，学者们提出了各自对"共同体"概念、范畴、思想的不同解读。近年来，随着构建人类命运共同体的中国方案逐步达成世界共识，不乏有学者意识到有必要进一步挖掘马克思共同体思想的时代价值，因此相关的学术成果颇丰。学者们从多维视域开展了深入研究，并取得了一系列的研究成果。主要学术成果或以个体与共同体的关系为研究对象，重在厘清马克思共同体思想具体内涵和语境研究；或从马克思"共同体"思想的来源与发展阶段研究，或从时代价值、内涵分析等问题进行全面梳理；或从马克思对物化的社会关系的批判角度，在私有财产的否定运动中探寻共同体的理论发展；等等，均为后来的研究者们提供了进一步研究的基础。

一、国内研究现状

在研究专著中，秦龙撰写的《马克思"共同体"思想研究》（辽海出版社，2007 年版，2006 年国家社会科学基金规划项目）是国内学术界第一部以马克思的"共同体"思想为研究对象的理论成果。该书指出虽然马克思的理论成果中并没有系统、专门论述"共同体"思想，但是这一思想却渗透在其理论论证的始终，通过对马克思文本的系统梳理，从有机整体视野把马克思的"共同体"理论加以把握和研究，形成了对马克思共同体思想的系统总结。主要内容有：其一，马克思"共同体"思想形成的历史沿革和理论渊源；其二，梳理马克思"共同体"思想内容；其三，马克思"共同体"思想的理论价值和现实意义。

马俊峰在《马克思社会共同体理论研究》（中国社会科学出版社 2011 年版）一书中，提出马克思的政治哲学理念的重要概念：共同体进行了历史唯物主义的范式转换，进而使得社会正义、自由、平等等价值理念在马克思的历史唯物主义中，更加清晰地阐明了阶级立场、国家观、市民社会等政治哲学，从而建构了其社会共同体思想。这一著作总结了市民社会的前阶段无中介的社会结构的共同体、在资本主义的异化形态的虚假共同体、在未来共产主义社会化的自由人联合体。并从哲学高度深入剖解了马克思有关人的全面发展的"自由人联合体"思想。

聂锦芳在《批判与建构：〈德意志意识形态〉文本学研究》一

书中，（人民出版社 2011 年版），专辟一章从文本学视角分析了从古代世界不同共同体以战争为交往方式到资本主义社会"现实的个人"沦落为"抽象的个人"再到未来社会生产力的联合，人的真实共同体的实现的过程。

在相关的期刊论文中，一是以个体与共同体的关系为研究对象，阐明马克思共同体思想的具体内涵和语境。侯才在《马克思的"个体"和"共同体"概念》一文中提出"人格个体""真正共同体"构成了马克思所追求的理想社会的密不可分、互为前提的两端。澄明了马克思将"个体"同"个人"，将"共同体"或"联合体"同"社会"有意识地严格区分开来的用意。聂锦芳在《"现实的个人"与"共同体"关系之辨》一文中通过重点解读《德意志意识形态》"费尔巴哈"章最后部分的 18 个段落，针对文本中反复出现的核心范畴"现实的个人"与"共同体"关系阐明历史向世界历史转变的实际进程。贺来在《关系理性"与真实的"共同体"》中，以现代性困境问题研究问题，提出"关系理性"概念并以此为建构共同体的基本原则，旨在推动个人自由个性发展的同时，促进人们之间的联合，在此基础上追求真实的"共同体"。赵坤在《马克思个人与共同体关系思想研究》中以"新世界"为建构视角，提出跨越个人与共同体两极对立的现代性困境，实现破解两者关系的现代性危机，达成两者和谐共生的理论探讨。张华波在《马克思共同体思想的历史性生成研究》一文中把马克思共同体思想分五个时期：萌芽时期、初创时期、形成时期、发展时期、完善时期，从历史生成视角对马克思共同体思想进行了梳理和研究。

二是对马克思涉及共同体的思想进行抽象概括、解读和分析。王贵贤在其《原始积累与共同体的解体》中提出要从理论上说明资本主义虚假共同体的本质属性和发展的内在机理，应当在"共同体→市民社会"的二元框架内分析，才能真正理解原始共同体解体的必然性，并分析东方社会如何跨越"卡夫丁峡谷"问题。秦龙在《马克思"资本共同体"思想的文本解读》中研读和分析马克思的"资本共同体"思想并探讨资本主义本质，提出"货币共同体"是"以物的依赖性为基础的人的独立性"的阶段，同时也是资本主义商品经济条件下人们逐利行为的反映。王虎学、万资姿在《"共同体""资产阶级社会""自由人联合体"——从人与社会的关系嬗变看马克思的社会"三形态"》中从历史生成论的视角审视人与社会的相互诠释关系；理解马克思分析人与社会的关系，从关系的嬗变中分析马克思关于社会发展的"三形态"与共同体发展的思路。刘海江《马克思共同体概念的哲学阐释》中通过对马克思关于共同体概念的不同用法的综合分析，阐发了对马克思共同体概念的解读。他认为，从国家的角度看，共同体是特殊性和普遍性的统一；从货币中介的角度看，是抽象共同体的构成环节；从自然形成的共同体角度看，共同体具有天然的地域狭隘性。梁惟在《马克思虚幻共同体理论之管窥》中提出，"虚幻共同体"以分工、私有制和阶级斗争的存在为前提，对于现实个体来说，这种异己的、冒充的、虚假的共同体在一定生产力条件下，又是必然存在的、现实的。因此，生产力的高度发展、世界的普遍交往、无产阶级革命是消除"虚幻共同体"的必要条件。

三是关于马克思"共同体"思想来源与具体发展阶段的研究。陈东英在《马克思的共同体思想的主要来源和发展阶段》中认为，马克思主要是受到了赫斯"和谐共同体"理论的影响。马克思对共同体的分析有三个阶段：早期、中期（18世纪40年代）对虚假共同体的批判与真正的共同体的建构；晚期（19世纪50年代末期）对自然共同体的探索。赵良玉在《正确理解马克思的"自然形成的共同体"》中通过考察马克思的《政治经济学批判（1857—1858年草稿)》认为，自然形成的人类共同体是前提和基础，所有制是在一定历史阶段的表征，马克思关于"自然形成的共同体"分析具有珍贵的史料价值，对于研究前资本主义共同体的生产形式，以及"公社"概念的内涵，所有制的变革都具有重要的意义。甘永宗、袁宏刚等在《马克思共同体理论三维视界》中认为，马克思通过研究柯瓦列夫斯基的著作，考察了古代群体生活的各种原始群落、氏族、村社在社会发展中的演变，指出原初形态的共同体是"自然形成的共同体"与"虚幻共同体""真正共同体"共同构成了三种共同体的形态，并以唯物史观演进为逻辑链条，以生产力发展基础上的社会分工为发展推手，以人的自由全面发展为价值导向。邵发军在《马克思早期政治共同体思想中的国家治理理论及其当代价值研究》《马克思"虚幻"共同体思想视域下的国家治理研究》中分别以国家治理为研究靶向，从马克思的资本"抽象共同体"思想的本意上展开对现代性的批判，为当代中国的国家治理提供了政治价值论上的参考。王代月在《马克思与费尔巴哈共同体人论的理论关系研究》中提出费尔巴哈秉持感性对象性原则，变革了思辨哲学传统，为马克思共同体思想提供了理论渊源。

四是挖掘马克思共同体思想的当代价值。

其一是着重研究马克思共同体思想蕴含的人学价值。欧阳康在《在个性自由与集体合作之间保持张力——论马克思"共同体"思想的价值维度及其启示》一文从正确认识和处理个人与集体的关系角度研究马克思共同体思想，并提出马克思共同体思想的价值立场对于构建社会主义核心价值体系有着重要的现实启示和指导意义。秦龙在《马克思从"共同体"视角看人的发展思想探析》中认为，马克思的"共同体"思想是实现人类社会解放的辩证分析，这一思想是同唯物史观这一伟大发现紧密联系在一起的。马克思特别关注共同体的发展为个人的自由发展提供了条件，马克思从来没有脱离历史发展孤立地考察人的发展问题，人的全面自由发展的条件是在共同体的发展中获得的，两者同生共进。马克思对共同体的探索和论述当中始终以共同体不同形态演变历史与人的个性解放、自由发展为主线。赵艳琴在《马克思共同体思想的现实价值取向探析》中认为，加强马克思"共同体"思想的价值研究是科学辨析当代西方学者关于共同体价值理论的需要，对人类社会发展具有积极的价值导向作用等现实意义。王有炜、韩沛伦在《马克思与现象学"共同体人论"之比较》中提出"马克思共同体人论"观点，认为马克思人的本质理论的精髓和核心是共同体中的人，通过对马克思与现象学"共同体人论"比较分析，探析马克思的共同体人论的时代价值，构建和谐社会实践需要把人的本质置于共同体。陶火生在《"真正的共同体"与科学发展观的人本核心——人的社会化与人性化的社会建设》中认为，马克思的"真正的共同体"思想将公平正义作为社会建设的伦理规约，体现了人以全面的方式占有自己的全面的本质的"真正的共同体"价值。梁宇在《走向共同体治理：马克思的国家治理思想及其当代启示》中从国家和共同体关系切入，探析国家发展的共同体方向。

其二是研究马克思共同体思想的自由之维。李士坤、高振强在《〈德意志意识形态〉对虚幻共同体的论述及其当代意义》中通过研究马克思恩格斯的《德意志意识形态》对个人利益与共同利益的关系等问题以及虚幻共同体理论的相关论述，发掘《德意志意识形态》的时代内涵。马克思恩格斯对国家、集体、共同利益的独特视角对我们认识和解决当前我国政治经济改革中的有关问题具有重要的指导意义。蔡晓良、陈华森在《自由人联合体视野下现代公民社会的生成》中认为，马克思恩格斯"共同体"思想的直接批判对象是资本主义国家的虚幻共同体，其价值指向即实现人民大众与国家的融合，使政治国家与人民不再分裂，并在此基础上为自由人联合体创造必要条件。

其三是从马克思共同体思想中探寻当代社会生活共同体建构意义。牛先锋在《从"虚幻的共同体"到"自由人联合体"——马克思国家理论及其对国家治理现代化的启示》一文中通过剖析马克思共同体思想发展的否定之否定过程，提出国家产生和消亡的历程与马克思共同体思想的扬弃路径是一致的。国家要维护自身特殊利益就必须代表社会普遍利益，这是治国理政不可分割的国家职能。因此，要用法约束国家自身的特殊利益、维护社会普遍利益，推进国家治理现代化。胡群英在《共同体：人的类存在的基本方式及其意义》中指出共同体观念和共同体意识的兴起是对 21 世纪全球对抗现代人类现实生活中日益出现的分离主义矛盾及现实问题的共识。池忠军在《马克思的共同体理论及其当代性》中认为共同体建构指涉的是人们和睦、温馨的生活组织体，揭示了马克思历史语境中的共同体类型及其演进与腾尼斯共同体思想的实质差别并致思当下城乡社区发展为社会生活共同体的实践路径。蔡晓良、余娴在《马克思共同体思想及其对中国社会组织建设的启示》中认为，马克思的"共同体"思想的现实意义在于要把公共权力置放回归社会，体现了人的本质思想、个体与共同体相统一思想、社会 – 国家共同体思想、自由人联合体思想，对中国社会组织建设具有重要价值。

　　其四是为构建社会主义和谐社会提供学理支撑。刘忠全、陈东英在《自由的个人与和谐的共同体——"自由人的联合体"思想新绎》中认为，自由的个人与和谐的共同体是马克思的"自由人的联合体"思想所蕴含的两个维度，它展示了人、社会、国家、共同体四个因素相互关系的内在统一，是马克思对国家发展问题的价值反思，其价值目标是在个体与整体、权利与善的矛盾张力中寻求和谐的人类社会关系。王有炜在《马克思哲学的共同体问题及其意义》中指出，哲学维度的和谐共同体思想及其价值意义是一个既合乎历史又合乎逻辑的过程，和谐共同体思想是马克思共同体理论的必然结论、最后归宿和价值核心，蕴含丰富的唯物主义历史观和人学向度的理论内涵，对当代哲学的巨大影响在于为当代人的社会生存和发展提供了价值指向。郁建兴在《马克思的"自由人的联合体"思想新绎》中通过解读《共产党宣言》提出马克思的"自由人联合体"思想是构建在马克思共产主义学说基础之上的人类文明的体现。高石磊在《马克思共同体思想意蕴研究》一文中追溯马克思共同体思想的内生路径、历史渊源以说明社会主义社会建设所需要诉诸公共性建构以及和谐理念。

其五是探讨全球化时代的共同体建构的现实意义，反思马克思共同体思想的现实意义。姜涌在《共同体价值观的可能性与现实性》一文中围绕全球化时代风险共同体的问题展开探讨个体和共同体关系的问题，提出"人类命运共同体"的认识是基于马克思共同体价值观的观点。并阐发了"人类命运共同体"建构的可行性和现实性。梁树发在《认识人类命运共同体的三个维度》一文中，从共同体建构与人类解放的高度出发论述了共同体是一定关系整体的性质，并指出人类命运共同体建构的哲学基础是辩证的历史进步观，在此基础上厘清了人类命运共同体与社会主义的关系。郭湛在《治理的根本：共同体、公共性及其发展理念》一文中以共同体的公共性为国家治理的核心问题，提出研究共同体的公共性问题必须抱持发展的理念，并要以"发展"为核心线索去看待中华民族共同体和人类命运共同体，并提出要从哲学高度关照公共主义发展观的理念。李德顺在《人类命运共同体的主体性》一文中提出，不能从共同体内部成员的数量理解共同体，而应当从把人连接在同一共同体的纽带角度上理解共同体的性质。他从马克思对人类前景的思考中分析了构建人类命运共同体的必要性，反思了霸权主义、战争、人工智能等人类危机，从主体结构的纵向与横向两个维度阐发了多元主体、类主体建构的实质和目标。宇文利的《人类命运共同体视阈下当代中国人全球意识培育》一文旨在唤起当代中国人对共同体的理性认知，分析了人类共同体存在和发展需求和全球意识，通过人类命运共同体的视阈阐发了中华民族命运和人类命运息息相关的发展关系以及提升共同体觉悟的要义。张雷声在《唯物史观视野中的人类命运共同体》一文中探讨了马克思共同体思想与人类命运共同体思想的区别与联系，提出社会生产关系变革的思路是马克思共同体思想的发展逻辑，并沿此思路提出了人类命运共同体有别于马克思所说的社会共同体本身，是社会共同体的次级范畴的学术观点。

在相关的学位论文中，一是着重梳理马克思共同体思想的形成与发展、主要思想内涵、核心价值观点，分析马克思共同体思想的逻辑结构、理论体系，其中有：孙雅文的《马克思共同体思想研究》、边国锋的《马克思共同体思想及其当代意义研究》、王萍霞的《马克思共同体思想研究》、成诚的《马克思共同体思想研究》、王汉华的《马克思共同体思想生成论研究——基于人的发展"三个阶段"视角》、胡业成的《马克思共同体思想研究》。此外，张欢欢在其《从个体与共同体的关系视角透析马克思的历史理论》中提出，马克思哲学思想的革命性和创造性在于阐释了人在现实生存中通过人的历史性生成，共同体存在，消解了传统哲学的"主—客"二元结构，最终达成人与人的和解，个体与共同体的真正和解。张杰在《马克思的"真正共同体"思想研究》中提出马克思的"真正共同体"思想就是"自由人联合体"思想的产生过程，以生产力的高度发展、私有制的消灭为前提条件，以实现"自由人联合体"为最高价值诉求。

二是探析马克思共同体思想对中国社会组织建设、和谐社会建设、人类命运共同体建构的重大指导价值。如：余娴丽的《马克思共同体思想及其对中国社会组织建设的启示》、王言文的《马克思利益共同体理论与构建和谐社会》、郑琳琳的《"自由人"之间何以共处——马克思哲学的共同体思想研究》、杨帆的《马克思共同体思想及其当代性》、赵艳琴的《马克思共同体思想的价值研究》、梁丽的《马克思"真正共同体"构想与构建社会主义》、张齐东的《马克思共同体思想及其价值审视》、臧豪杰的《共同体思想视阈下的中国现代政治价值选择》。其中刘栋在《马克思"自由人联合体"思想及其当代性研究》一文中研究了"自由人联合体"与"人类命运共同体"思想的内在契合性，并论及建构"人类命运共同体"是走向"自由人联合体"的当代实践。

三是马克思共同体思想与西方共同体主义思想的比较研究。樊红敏在《流动现代性视域下的共同体——对鲍曼共同体理论的研究》一文中，以自由与安全的矛盾线索，展开了对齐格蒙特·鲍曼的共同体思想的探讨，并论述了因为鲍曼的马克思主义信仰背景，其共同体理论在价值旨归上与马克思的共同体理论有一致性内容。李峰在《构建"真正共同体"——马克思共同体思想与西方共同体主义比较研究》一文对于马克思共同体思想与西方共同主义的异同做了比较研究。

二、国外研究现状

其一，着眼于现代社会发展演进的社会学视角研究。德国社会学家斐迪南·滕尼斯在《共同体与社会——纯粹社会学的基本概念》中将共同体区分为血缘共同体（community by blood）、地域共同体（community of place）和精神共同体（community of spirit）三大类，并将此归功于马克思的启发，认为"只有这位资本主义生产方式的发现者能够使这种思想变得清楚而深刻"①。在滕尼斯的社会学体系中，"共同体"（这一概念由费孝通引入中国后译为"社区"）表征的含义是自然形成的、整体本位的；社会表征的是个人本位的、非自然的，带有目的性的人的联合，"共同体"与"社会"形成一对社会学领域研究发展问题的变量模式。"共同体"整合的是小范围的民众，而"社会"的整合范围较之更大更多；"共同体"代表古老的、传统的，而"社会"则代表新兴的、现代的。显然，滕尼斯在社会学研究领域中关涉的"共同体"的内涵和外延不同于马克思政治哲学的宏大视野，马克思把国家与社会乃至整个人类都看作是共同体的范围，两者截然迥异。

英国社会学家齐格蒙特·鲍曼在《共同体》一书中认为，在全球化条件下，政治运动和社会斗争是无处不在的。而共同体的构建只可能是一个做人的平等权利和责任，体现了确定性的安全感。"我们怀念共同体（community）是因为我们怀念安全感，安全感是幸福生活的至关重要的品质，但是我们栖息的这个世界，几乎不可能提供这种安全感，甚至更不愿做出许诺"②，但同时也剥夺了自由。确定性和自由、共同体和个体之间的冲突，永远也不可能解决。以往

---

① 费迪南·滕尼斯. 共同体与社会 [M]. 北京：商务印书馆，1999：16.
② 齐格蒙特·鲍曼. 共同体 [M]. 南京：江苏人民出版社，2003：179.

的共同体是"想象的共同体"（imagined community）、"表演会式的共同体"（carnival community）。而现在民族国家共同体已经失去了伊甸园式的精神家园，很像建筑学上的"全景监狱"，每一个失去隐私的个体在媒体时代监管下的国家共同体里失去自由。要厘清个体自由与共同体是否相悖的关系问题，统合伦理与政治力量，进而诉诸收入的确定性，以实现个体与共同体的双重自由。

美国哈佛大学政治学教授迈克尔·桑德尔在《自由主义与正义的局限》一书中，从道德主体、分配原则、社会契约等角度展开论述，提出正义应从特殊共同体或传统中人们共同信奉或广泛分享的价值中汲取道德力量，共同体的价值规定着何为正义，何为非正义。并着重阐释了共同体的交互性主体的自我观与共和制度的建构。

其二，从马克思文本中梳理共同体思想的哲学意蕴。美国费城天普大学哲学系哲学和政治学教授卡罗尔·C·古尔德在《马克思的社会本体论：马克思社会是在理论中的个性和共同体》中，对马克思《1857—1858 经济学手稿》做了深入研究，提出"关系中的个人"的核心观点，指出资本主义是如何包含人的能力的异化又包含了新的能力的发展。认为马克思著作中的一个根本问题即是个人与共同体的关系问题，是构成社会生活的基本要素，在共同体的发展中呈现相互提升关系。

美国学者肯尼斯·梅吉尔在《马克思哲学中的共同体》一文中，指出马克思的民主联合形式的共同体有三种不同概念表达：第一，作为原始联合形式的共同体是有限的、封闭的，有地域限制的前资本主义共同体。第二，民主的共同体是指无国家和社会的共同体。

第三，人类作为社会性的动物只有通过共同体生存才能实现全面的自由。

日本"新马克思主义"代表人物望月清司在《马克思历史理论的研究》一书中，提出了把"劳动和所有的同一性"和"城市和农村的分工"两方面的发展水平作为历史进步标准，并以异化、分工、共同体和市民社会、社会主义核心概念为线索，通过对马克思早期的分工思想和对《1857—1858 年经济学手稿》的经济分析，将马克思的历史理论描绘成一个"包含无中介的社会结构共同体→作为共同体协作和分工关系异化形态的社会→有社会回归了的自由人自觉地形成的社会"① 的历史进程，即马克思唯物主义历史发展的顺序是从共同体到市民社会再到社会主义的三阶段过程。望月清司论证了以市民社会为核心思想的马克思主义历史观，其核心观点是，认为"市民社会"和"共同体"是两个逻辑上前后相继的概念，他严格地论证了本源共同体的三种类型（亚细亚、古典古代、日耳曼），强调市民社会扬弃本源共同体的内在必然性及其积极意义，并得出历史发展的脉络是从本源共同体向市民社会、社会主义社会转变的结论。

其三，微观层面上的人际交往关系研究主体间的"和谐共同体"之"主体间性"理论。受马克思的影响，20 世纪早期现象学哲学家埃德蒙德·胡塞尔（Edmund Husserl）从人的本质状态提出"作为一个个人活着就是生活在社会的框架之中，在其中我和我们都一同

---

① 望月清司. 马克思历史理论的研究［M］. 北京：北京师范大学出版社，2009：225.

生活在一个共同体之中，这个共同体作为一个视界而为我们共同拥有"①。哈贝马斯提出无限交往共同体是一个自律的世界。

第三节　研究主旨与创新之处

一、研究主旨

马克思的共同体思想论证了前资本主义自然共同体发展的不自足性和不充分性，以及以私有制为基础的资本主义虚假共同体所呈现的商品经济关系发展的历史必然性和必要性，从而揭示了资本主义社会把国家这一共同体的形式合理化、普遍化的真实意图。马克思共同体思想通过对人的劳动与动物活动之比较来说明人作为类存在物不能脱离社会的发展而孤立存在，共同体发展的问题域存在于人的生产劳动实践活动中，并在考察和研究私有制条件下的"现实的个人"的劳动异化状态，建立了唯物史观视阈下的共同体思想。19 世纪中叶以后，资本主义经历了从早期资本主义向上升及垄断时期资本主义的转变，这一转变带来了马克思近 40 年系统展开的资本批判、意识形态批判等。在其政治哲学语境中，个人自由、社会平等只有在真实共同体中才能实现，并超越了传统自由主义价值观的理论片面性。"自由人联合体"理想是马克思一生一以贯之的价值立场。从"人的本质"探索到"真正的共同体"思考再到两者之间的

---

① 胡塞尔. 欧洲科学的危机和先验现象学 [M]. 上海：上海译文出版社，1988：3.

内在联系，展现了马克思共同体思想的演进轨迹。本书拟以"自由人联合体何以可能"为问题导向，探析马克思共同体思想。拟定六章，基本内容如下。

第一章，阐明马克思共同体思想的理论渊源。马克思共同体思想历经以下几个阶段。①以亚里士多德的"城邦共同体"为代表的德性建构思想；②以霍布斯、洛克、卢梭为代表的社会契约论提出的"人造共同体"思想；③德国古代哲学家关于共同体建构的思想，如康德提出的"伦理共同体思想"、黑格尔阐发的"政治共同体"思想、费而巴哈提出人的"类本质"思想等；④奠基于18世纪唯物主义哲学思想上的空想社会主义者的"共产主义共同体"思想。例如，傅立叶的法朗吉实验、欧文的和谐新村实验等共同体建构探索以及赫斯借助费尔巴哈"类"概念，通过对金钱异化理论的论证提出共产主义条件下人的类存在的"和谐共同体"理论等。"共同体"作为一种探析关于人类生存的哲学思考，完整地体现了把人类联结一起的道德观、法律观、国家观等建构性纽带的历史视野。

第二章，总体上看，要把马克思的共同体思想的萌芽阶段放到人类的劳动发展史中考察，从劳动实践和社会关系角度出发来看待共同体问题涉及的交往问题、分工问题、私有制问题。马克思恩格斯说："因为对社会的人来说，整个所谓世界历史不外是人通过人的劳动而诞生的过程，是自然界对人来说的生成过程，所以关于他通过自身而诞生、关于他的形成过程，他有直观的、无可辩驳的证明。"① 受黑格尔、费尔巴哈和赫斯等哲学先辈的影响，马克思对人

---

① 马克思恩格斯文集：第1卷［M］.北京：人民出版社，2009：196.

的共同体存在极其重视，通过扬弃前人对"共同体"思想的研究成果，马克思共同体思想逐步形成。本章拟重点分析：其一，马克思的博士论文《德谟克利特的自然哲学和伊壁鸠鲁的自然哲学的差别》《莱茵报》时期马克思关于自由问题、国家与物质利益等问题的思考；其二，《德法年鉴》时期，马克思初步探讨国家与市民社会相互剥离让人无论在理想中还是在现实中都以双重身份生活，提出市民社会决定国家思想。

第三章，主要从马克思关于"人的本质是人真正的共同体"①思想出发，探析人在马克思共同体思想的理论内涵和本质特征。马克思认为社会历史的发展与个人的全面发展是紧密联系在一起的。并且把人的全面而自由发展的"自由人联合体"确立为真正的"共同体"，是否以人的自由全面发展作为其共同体身份存在的价值祈求是共同体的"真实"与"虚假"之间的本质区别，从而为历史发展的最高目标和价值标准找到了归依——人类解放，而政治解放仅仅是人类解放的必经阶段和前提。资本主义虚假共同体呈现的是以商品交换关系为中介的功利性人际关系，马克思质疑这种市民社会所规定的政治共同体，并通过对人的感性活动、异化劳动的扬弃明确提出"共同体"思想的发展逻辑："人的依赖关系"时期，对应的是前资本主义自然形成的共同体（亚细亚共同体、古代共同体、日耳曼共同体）；"物的依赖关系"时期，对应的是资本主义虚假共同体；"个人全面发展"时期，对应的是自由人联合体。这一逻辑形成了马克思共同体思想研究肯定—否定—否定之否定的逻辑线索。分

---

① 马克思恩格斯全集：第3卷［M］. 北京：人民出版社，2002：394.

析马克思"共同体"思想的发展的机制,从生产方式的提升,分工的发展看共同体发展的根本动力。研究私有制条件下凝聚起来的国家共同体与市民社会相分离的现象,提出共同体发展的历史过程,这一过程就是人的主体地位不断得以建构、人的共同体本质不断得以完善的过程。贯穿其中的物质生产活动是人的共同体存在和共同体自身发展的基础和动力。生产力的发展和人类交往关系的普遍化,为人的独立、自由和平等提供了一定的现实基础。近年来,马克思共同体的交往研究越来越引起人们的重视,成为的一个重要的理论生长点,如哈贝马斯提出"无限交往共同体"这一概念,谋求促成人类社会成为一个在共识之下进行自觉行动的整体。

第四章,从马克思的共同体概念展开考察"共同体"概念的过去、现在与未来之间的相互衔接与扬弃。虽然每一阶段马克思对于共同体的称呼有所不同,但其相关范畴是一致的,即个体与共同体关系、共同体与人类交往、共同体分化与建构、共同体与自由、个人权利和共同体价值等。总的来讲,要阐释清楚三类不同的"共同体"概念:其一,前现代社会自然形成的共同体,如由血缘、地缘等具有自然属性的联系纽带维系的共同体;其二,货币、资本、语言、文化等形成的抽象共同体;其三,重点解读马克思用"共同体"所指代群体性、政治性的公社或国家。"政治共同体"(politischen Gemeinwesen)、"虚幻的共同体"(Gemeinschaftlichkeit)、"冒充的共同体"(Gemeinschaft)、"自由人联合体"等特殊表达,阐释共同体的发展本质、属人本质和价值本质。

第二、三、四章,是本书的重点部分,拟将"史"与"论"结合，紧扣马克思从写作博士论文到《共产党宣言》期间的共同体思想的发生、发展的文本理路，以哲学研究的基本方法对马克思这一思想的理论内涵和本质特征的内在逻辑进行系统梳理，把马克思主要的共同体思想文本划分为四个时期，即从博士论文到莱茵报时期，从《黑格尔法哲学批判》到《德法年鉴》时期，从《费尔巴哈的提纲》到《德意志意识形态》时期，从《哲学的贫困》《共产党宣言》到《资本论》时期，通过文本分析、逻辑分析"史"与"论"部分，对马克思共同体思想进行基础性研究。

第五、六章，主要分析马克思共同体思想的当代价值。第五章从主流西方社会思潮关于共同体建构抑或分化问题的争论导入，明晰马克思共同体思想在当代依然有重要的现实意义，特别是在保持清醒的头脑冷静处理与西方社会思潮关系问题上，具备应有的价值立场和理论贡献。拟在当代社会发展的境遇中开启马克思共同体思想与当代社会思潮的辨析。探讨马克思共同体思想所反映的人类普遍的、无功利的交往前景、人类政治存在样态不是福山所认识的历史的终结，而展现的更多的是价值观、秩序和社会结构的重构。马克思共同体思想提供了一种分析社会思潮的立场和方法，即人的共同体存在视角，由此引申出的问题是人类如何学会以人类主体的思维方式思考并真正实现这些价值，使之转变为解决问题的关键：改变世界。通过马克思共同体思想与围绕共同体建构抑或分化的西方社会思潮特别是新自由主义所主张的"价值中立"的应战与挑战，研究马克思共同体思想的当代意蕴。

第六章，主要分析马克思共同体思想在中国的新发展。要筑牢

"人类命运共同体"思想的倡导国——中华民族共同体，才能在国际上拥有更多的话语权和说服力。马克思共同体思想扬弃"天国生活"（政治共同体）的空中楼阁，展现了"尘世的生活"（市民社会）的彼岸：自由人联合体。本章重在反思影响当代人类发展的现代性危机问题，如环境能源危机、核武器威胁、人工智能挑战等，呼唤多元主体的人类从人类主体高度思考树立怎样的发展观能够有助于树立人类命运共同体意识，共同解决人类的问题。这是一个新的迫在眉睫的课题。可以从经由马克思主义中国化实现现代转型之后的精神共同体、民族共同体等维度来理解历史唯物主义基础上的共同体构建，展开关于推动人类命运共同体的哲学思考。马克思共同体思想既为新时代中国特色社会主义的理论和实践提供了有益启示，也深化和拓展了马克思共同体思想的属人本质、价值本质的现实意义。

二、创新之处

其一，从哲学高度以马克思在不同时期的文本中所提到的"共同体"概念的嬗变角度，翔实梳理文本、准确界定、归纳马克思共同体思想的主要内涵和本质特征，对于马克思的共同体思想研究将会是一个全新的创新点。马克思从来没有对"共同体"思想予以专门的系统论述，但是其"自由人联合体"思想始终贯穿于其关于无产阶级及其人类解放的学说，是马克思主义的最高价值诉求。从目前的研究成果分析，不乏有学者从理论的生成、发展、矛盾和走向方面探析共同体兴亡的一般规律，并自觉地将其研究成果纳入马克思主义基础理论研究工作。本书拟以此为基础，通过哲学的研究方法，统摄本书的研究对象——马克思共同体思想，观测全球化时代背景下，人类的交往由民族、国家内的交往发展为跨越民族、国家界限普遍交往的事实，这是一个具备可行性而又充满创新的领域。从文本梳理出发，解析马克思共同体的整体发展过程，进一步夯实这一基础理论研究。

其二，凭借哲学研究的方法旨在打开马克思考察"共同体"思想面向发展的两个纬度：一是从社会发展的最终决定力量生产力的发展出发，考察共同体发展的动因；二是将共同体的发展纳入人的三大发展形态研究，即人的依赖关系、物的依赖关系、人的自由个性三个发展阶段，马克思所论述的共同体经历了由自然形成的"前资本主义共同体"到"资本主义虚假共同体"再到"自由人联合体"的发展历程。因此，从人的发展和社会进步的两个标准进行评估，把"自由人联合体"设定为人类的理想就是一个追求人的目的的现实过程。这也正契合了党的十九大报告提出的发展要更好推动人的全面发展、社会全面进步的评价原则。本书从这两个纬度考察不同历史阶段的共同体中人的主体性实现程度、交往的丰富性、生产的全面性等，从而形成一个符合马克思原意的关于共同体生成的理念。

其三，马克思共同体思想从人的社会关系总和角度理解、分析、反思个体与共同体，个性与公共性的矛盾。可以由此为切入点在可能性与现实性意义上探讨新时代关于推动人类命运共同体建构和发展之间内在的融通性，本书得出了人类命运共同体在建构意义上存在的基本依据，即共同体的发展为人类社会的发展提供了条件，人的发展亦寓于其中。同时，人的交往的广度和深度，又使人获得了创造历史的现实条件和群体力量。基此，研究马克思共同体思想的当代价值，旨在提升人类自身价值理念的通融性，使人类于解决矛盾中趋向和谐、规则制定中趋向平等、国际治理中趋向有序从而获得改变世界的进步理念。人的共同体存在是人的"类生活"必然，人类理想的美好生活是个体与共同体的和谐发展。深入围绕"马克思共同体思想及其当代价值"这一时代课题，理论联系实际，发现和厘清马克思共同体思想在社会思潮辨析以及新时代条件下推动人类命运共同体构建的现实意义，探索深层次的理论生长点，将是本书的又一大创新点。

第四节　研究方法

一、发展本体论与发展认识论统一的方法

共同体研究是共同体本体论研究与研究方法探究的统一，本体论研究与认识论研究的统一。"发展本体论实质上就是要研究社会发展实践的本质和规律，发展认识论实质上就是抽象、概括社会发展实践经验的基础上，为发展的研究理论和政策研究提供思维框架、方法论系统和价值坐标，二者在社会实践的基础上统一了起来。"[1]

---

[1]　杨信礼. 发展哲学引论［M］. 西安：陕西人民出版社，2001：18.

通常意义上的共同体是以把人连接在一起的"纽带"为区别标志的。伴随着每一个人利益和身份的变化都会经历很多不同的共同体关系，比如经济关系、生态关系、社会关系、种族血缘关系、宗教信仰关系，还有个人的学术关系等性质不同，多元、多样的共同体发展变化的。而马克思视界中的共同体是从历史唯物主义的宏大视阈上看的，有一个从虚假到真实、从暂时到长远、从松散到紧密的发展历史。因此，要把人类"共同体"活动的历史与工业发展的历史相联系，特别是大工业开创世界历史的进程。

二、逻辑与历史辩证统一的方法

从人类历史的角度看，马克思共同体思想揭示了人类社会从低级到高级的发展过程。人类社会发展至今就是人类共同体由低级到高级，通过建立新的社会关系，即联合起来的共同体逐步实现的历史过程。"历史从哪里开始，思想的进程也应当从哪里开始，而思想进程的进一步发展不过是历史过程在抽象、理论上前后一贯的形式上的反映。"① 从马克思主义哲学思想史资源来看，研究马克思共同体思想不能忽略经典的西方政治哲学史、人类社会生产活动史以及马克思著作的相关文本，这些都应置于研究马克思共同体思想的逻辑过程与历史过程之中，在特定的思考语境和理论背景中考察其思想内涵的过程性、历史性。因此，对马克思共同体思想发展史的考察和理解，不能脱离历史整体中马克思关于人类的命运考察，而要从"现实的人"如何生成为"自由人"的逻辑与历史辩证统一出

---

① 马克思恩格斯选集：第2卷［M］．北京：人民出版社，2012：14．

发，回到文本中并结合相关文献获得正确的理解。

三、交叉学科分析法

关于"共同体"问题的研究，一直是社会学、历史学、文化学、哲学研究的重点问题。相较于其他学术问题，"共同体"的研究从来不是单一学科所能涵盖的，对共同体思想的演变逻辑进行整体把握，就要运用交叉学科分析方法。"一般说来，交叉学科的分析方法有三种类型：其一是把某一学科的相关原理成功运用到另一学科的线性交叉分析；其二是两个或两个以上学科的有机结合所形成的结构性交叉学科分析；其三是围绕某个具体问题，多种学科相互配合的约束性交叉学科分析"①。本书主要是采用约束型交叉学科分析法，围绕"马克思共同体思想"的具体问题，力图从哲学研究的基本框架里统摄诸多学科针对"共同体"研究的发展成果。

四、史论结合的方法

科学理解马克思共同体思想，不能仅仅停留在文本层次，要深入文本所透显的思想史意蕴去把握马克思共同体思想的历史语境、出场路径与时代关联。从思想史角度探讨马克思共同体思想的发展对于当代社会思潮的影响，对于理解马克思共同体思想的当代价值，并以此为推动人类命运共同体建构提供理论依据，具有重要意义。马克思共同体思想超越了思想史上诸多哲学家关于个体与共同体、

---

① 杨耕. 危机中的重建：唯物主义历史观的现代阐释 [M]. 武汉：武汉大学出版社，2011：27.

社会分工与人的发展、自由活动与国家控制等问题的理解，既有完整的思想史脉络，又是时代的实践产物，最终在人的自由全面发展、社会的全面进步之基础上，达成科学性、价值性和创新性三者的有机统一。鉴此，本书采取史论结合的分析方法展开对马克思共同体思想历时维度和共时维度的双向研究；结合时代语境，对马克思共同体思想在当代的发展问题进行分析，彰显理论的当代意义。

第一章

马克思"共同体"思想的理论渊源

当代法国哲学家让－吕克·南希（Jean－Luc Nancy），出于对共同体的怀旧情怀提出："现代共同体思想所缘起地对过去业已消失的共同体生活的缅怀思绪伴随着西方的历史，它激励着卢梭、黑格尔、马克思等一系列的思想家。"① 古希腊哲学形成了以思考和追问人的存在方式以及自然本源为传统的哲学思维方式和提问方式，柏拉图就曾在《理想国》中提出了在希腊城邦基础上建立世界共同体的设想。从历时性维度看，人类初期对共同体的理解是以宗教为纽带的自然、人、神的统一体。自托马斯·阿奎那在自然法的名义下提出共同体的建立不需要任何神的力量以来，宗教自然法容纳了世俗世界。在工业和商业发展起来的近代，理性主义自然法开始在西方盛行。西方传统自由主义价值理念的核心是个人主义，个人主义主张人与人的自由体现在"分"，而在共同体本位的社会中，国家共同体的社会关系要求是"合"，争议在封闭与开放、分化与建构之间形成

---

① ［法］让－吕克·南希. 解构的共通体［M］. 郭建玲，等，译. 上海：上海译文出版社，2007：24.

了矛盾张力。马克思摒弃了古代和中世纪的"神学共同体"思想，围绕如何把人的私利倾向与公共的善统一起来，也即"个体"与"共同体"关系的问题，向现代哲学迈进，展开了通过政治经济学研究和涵义丰富的历史学探索。成长于西方文化传统大背景下的马克思，深受古希腊罗马文化、犹太教文化、基督教文化以及文艺复兴和启蒙运动思想等的浸润。这一点，诚如新马克思主义代表人物戴维·哈维所言："马克思是启蒙思想的儿子，一生都致力于把乌托邦的理想转变为唯物主义的科学。"① 因此，要从马克思创立唯物史观的历史过程深入到马克思共同体思想所产生的历史渊源，把握每一个历史节点上马克思"共同体"思想发展的具体语境。列宁曾从马克思主义研究的总体层面阐述了整个马克思主义学说的理论渊源，即德国古典哲学、英国古典政治经济学、法国空想社会主义，这正是欧洲三大主要启蒙思想的策源地。马克思在理论建树上超越三大启蒙传统的突破口正是前人共同体探索所涉及的问题域。马克思批判了其所处时代的主流意识形态——古典自由主义，从自身的自由主义思想反思开始，经过激进的民主主义思想，最终转向并确立了科学社会主义立场。马克思共同体思想的理论渊源梳理要从哲学、政治经济学、社会主义学说的本源、主流思想史中厘清主要思想家的理论成果，并从中归纳马克思分析、批判资本主义虚假共同体的现实维度，以历史唯物主义的分析视阈，探析马克思共同体思想的超越维度。因此，马克思"共同体"思想的理论渊源大体可以追溯四个时期的思想资源，即古希腊时期以亚里士多德的城邦共同体思

---

① 戴维·哈维. 后现代的状况 [M]. 阎嘉，译. 北京：商务印书馆出版，2003：23.

想为最高成就的伦理共同体思想，启蒙运动后期以霍布斯、洛克、卢梭为主要代表的契约建国论共同体思想，德国古典哲学家代表人物康德、黑格尔、费尔巴哈等关于共同体建构的思考以及以法国唯物主义为基础的空想社会主义代表人物的共同体思想。正是对这些思想的批判和扬弃中，马克思从对生产力与生产关系的发展逻辑分析出发，探讨人类共同体建构的分合之象，最终超越了黑格尔国家观"虚幻的共同体"的狭隘视界，以人在共同体的发展中实现个体自由为基点，依据生产方式的历史变迁，预见了世界历史趋势，并以更高的政治诉求和理论思维重建了真实共同体："自由人的联合体。"

第一节　亚里士多德的城邦共同体思想

"共同体"最早出现在人类的生活中，不是作为哲学的概念，而是一种生活的状态和地位。例如梅叶在《遗书》中写道："那时他们没有界碑和田界标，人人都在一个大家庭里生活，甚至土地不待播种，也能产生各种丰裕的果实。自然和一切物质被共同利用，自然像母亲一样，把人人都放在它的监护之下"①，人类以群的力量作为一种共同体存在而发展。就欧洲中世纪的历史说来，自由民（农奴）建立了新型的城市之后，出现了以古希腊城邦和文艺复兴时的意大利城邦为代表的城邦文明。苏格拉底最早提出了人与城邦是契

---

① 让·梅叶. 遗书：第二卷 [M]. 陈太先，译. 北京：商务印书馆，1961：118.

约（拉丁语：contracts，是英文 contract 的雏形）关系，通过城邦的公共领域制定社会契约来维护和规定个人的自由与权力、责任与义务。于雅典人而言，古希腊的城邦生活是引以为傲的身份认同，雅典城邦与个人的关系就好像父与子、主与奴，城邦高于个人，人人都是城邦的仆人。这种独特的古希腊城邦文化形成了生活的共同体、道德的共同体。关于"共同体"的哲学涵义最早的释义可追溯到公元前 325 年古希腊的亚里士多德《政治学》一书，其开篇即提出共同体建构的前提："最崇高、最有权威、并且包含了一切其他共同体的共同体，所追求的一定是至善。这种共同体就是所谓的城邦或政治共同体。"① 由若干公民集合在一个政治团体以内的城邦（polis）生活，它包含了个人及其家庭和所在的村落等公共政治生活，形成了以至善为目标的政治共同体，这种个体与共同体的关系意味着超越个人所附带的私利，即家庭的抑或部落的，城邦是平等群体基于共同利益而共同生活的自由之所，城邦共同的利益才是至善目标。在《政治学》中亚里士多德赋予"至善"以"共同体"意义，认为"人类生来就有合群的性情，所以能不期而共趋于这样高级（政治）组合"②，才能配享城邦之名。西塞罗将亚里士多德在《政治学》中提出的"政治共同体（politicke koinonia）"概念转译为"市民社会"（Civil society）。古希腊罗马的城邦生活是国家本位或者说是共同体本位的，人以市民的身份系于封闭的国家共同体中。联结这封闭共

---

① 亚里士多德. 政治学 [M]. 颜一，秦典华，译. 北京：中国人民大学出版社，2003：1.
② 亚里士多德. 政治学 [M]. 颜一，秦典华，译. 北京：中国人民大学出版社，2003：9.

同体的纽带是处于城邦中需要安全感的市民让渡出去的自由。最高的共同体是一种基于"善德"意义上的结合，以个体联合的形式，自主、自由、平等地组建、参与和治理共同体，不仅仅是群落意义上的人们的简单集合体，同时也形成了公共组织和公共权力的载体；在古希腊，城邦政治文明最有代表性的精神便是自由，自由精神为后世提供了理论和实践的参照，特别是成为生活于其中的人们能过上最美好的生活，享有参加共同体内各种政治活动权利的价值标准。所以亚里士多德说："要真正配得上城邦这一名称而非徒有其名，就必须关心德性问题，这是毋庸置疑的；否则城邦共同体就会变成一个单纯的联盟。"① 个体德性生成于并依赖于城邦，城邦除了提供了衣、食、住等生活必需品之外还能使人区别于动物，使人有了伦理秩序和城邦价值理念。形成了古希腊城邦社会中，特定的德性的统一性。城邦不是自然的产物，而是伦理意义上的实体。亚里士多德在调查了158个城邦法律之后认为，正是因为人的政治动物本质使人排斥脱离城邦的恶人或者是超人。这种城邦在亚里士多德那里指向的是适度规模的小城邦，即疆域小，人口少、复杂性小。

　　概括地讲，城邦共同体的出现促成了全邦人民都能进入正义和善德的联合，不仅保障了人类崇尚自由的理性精神，也一定程度上形成了朴素的法律意识和契约精神，都合理地使得古典的市民社会与政治文明结合在一起。此时，城邦共同体的主要特征在于它拥有了城邦生活的文明因素：政府和法律。马克思对于人的本质的社会

---

① 亚里士多德. 政治学［M］. 颜一，秦典华，译. 北京：中国人民大学出版社，2003：88.

关系界定受到了亚里士多德城邦政治思想的影响。第一，亚里士多德提出合群是人的自然本性，把人的本质界定为政治动物。马克思进一步指出："人即使不像亚里士多德所说的那样，天生是政治动物，无论如何也是天生的社会动物。"① 城邦以政治机构的协调面向乐于群居的人的美好生活。马克思的政治哲学也一直在寻求真正意义上的共同体价值。宏观上看，共同体是人类对于美好生活的向往，所以在《德意志意识形态》中马克思对人的存在前提进行了真正共同体意义何在的追问。亚里士多德从价值论、伦理学的视角触及了政治共同体的最高问题，即城邦若要真正成为公共善的联合而不是原子式个人的汇集之地。因此，亚里士多德提出，一个理想公民是有能力完全走出私人领域的、经济独立的、有理性的能力的成年男子。所以公民参与政治本身就是善，公共领域是公民能够发挥人的最高能力之所。这种基于身份的排他性共同体无法真正解决私人利益矛盾和公共政策的公平问题。第二，城邦为人的生存提供军事和经济生活方式要远远超越松散的军事联盟。最高的善的优良城邦是由不同种类的人组成的。由不同种类的个人合理地分工，包括粮食储备、祭祀事宜、武装防备、裁决政事、财产储备等。从人的生存论视角、人的需要出发，阐释城邦的产生和形成，为马克思创立的历史唯物主义提供了一定史料。第三，真正的具有政治性的城邦生活，才是城邦的人民过有道德生活走向"至善"的前提条件。亚里士多德认为，从时间维度来看，个人和家庭要先于城邦出现。然而，从发展的空间维度看，城邦应当先于个人和家庭，因为个人、家庭

---

① 马克思恩格斯全集：第 23 卷［M］．北京：人民出版社，1972：363.

属于质料因，只有在城邦的形式因阶段，才实现了信守契约、维护私人权利的共同体本性，达到了至善。这一定程度上与马克思关于人在共同体中成长的理念有着相似的伦理精神。在《共产党宣言》中，马克思提到了"自由人联合体"类似于人与人之间"兼相爱、交相利"的理想社会状态，在那里没有"三大差别"（阶级、脑体劳动、城乡），共同体为每一个人全面自由的发展提供了成长条件。从这三个层面上讲，马克思在某种程度上赞同亚里士多德的思想观点，只不过以发展的唯物史观视角取代了亚里士多德的德性论的伦理学框架。

　　基于亚里士多德政治哲学对人的关注的启发，马克思认为在古代人心中共同体就是真理。这一思想从另一个侧面反映出马克思并不可能完全赞同城邦共同体的思想。特别是亚里士多德在《尼各马可伦理学》中，把道德高尚的立法者或者统治者当作联结个体与共同体的纽带，这与后来马克思所倡导的唯物史观原则是截然对立的。另一方面，城邦共同体中有属于个体和集体的私德和公德、私人财产和集体财产，不可避免地形成整个共同的生活环境，并且由之而来的个体与共同体矛盾问题甚至由此导致的分化等问题，构成了马克思思考个体如何在保持"独立性"的同时和他者"共在"，这一个体与共同体的矛盾问题。古希腊城邦文明发展至晚期，不同城邦的希腊人不属于同一个共同体的思想发生了变化，特别是在古希腊城邦制度解体后，斯多葛学派是西方最早从世界和人类的角度关注人在共同体中的命运的一派，认为城邦疆域和交往要扩展，应在"自然"中寻求人类活着的普遍理性，个人应当是相对于整个人类而言的，提出了世界主义的观念。斯多葛学派提出城邦不是权力的最高制定者，人应该按照自然本性制定与整个世界和谐的"自然法"，从而为个体与共同体的发展提供了立意更加高远的人类共同体视野，这一点马克思是极为赞赏的。然而，对于地域庞大的罗马帝国来说，希腊城邦共同体显然是不适合的。因此，法律成为联结罗马帝国内部秩序的重要纽带。然而，罗马帝国不断地向外扩张，发动战争镇压基督信徒，激起了一股强大的抗击力量，于是罗马帝国顺势皈依基督教，渐渐地国家共同体内部分裂为神权共同体与王权共同体。

第二节　近代社会契约论的主要思想

在近代，随着文艺复兴和启蒙运动的发展，神权共同体被推翻之后人权的政治合法性重新受到尊重，主要体现为社会契约论的思想。恩格斯在《家庭、私有财产和国家的起源》一书中论及了英国的历史学家亨·萨·梅因在分析西方由传统社会向近现代法制社会转变时的观点并指出："同以前的各个时代相比，我们的全部进步就在于从身份到契约，从过去流传下来的状态进到自由契约所规定的状态。"① 人是从基于血缘宗族关系的私人身份和由此决定的社会地位以"先赋"身份建构"伦理共同体"的纽带，上升到以"契约"关系为共同体纽带的国家共同体之中。契约建国思想取代了城邦共同体，"私人"成为市民社会主体，私人有了市民和公民的双重身

---

① 马克思恩格斯选集：第4卷［M］. 北京：人民出版社，2012：91.

份。亚里士多德所奠定的城邦精神依然得以延续，缘于此，近代政治哲学的三位代表人物霍布斯、洛克和卢梭虽然均对契约建国做出了不尽相同的论述，但他们都将人的非社会性的"自然状态"的自我保存作为建立契约共同体的理论基础和前提，认为人人生而自由、平等，社会共同体需要设置一个共通的权威——政府，来主持裁定自由之争。然而，是采取主权者与臣民间的权利抗衡的君主制国家还是采取公民与政府权利制衡的民主制国家形式？在这一主要分歧上，英国历史学家韦尔斯在 1920 年出版的《世界史纲》中总结，人类历史上实际存在着基于强制的共同体和基于公意的共同体。按照这种划分可以很好地解读霍布斯的利维坦理论、洛克的分权学说以及卢梭的人民主权理论在其共同体思想中的理论建构和共同体模式。

霍布斯是"古典契约论"的奠基者，他反对人天生就是政治或社会动物的传统政治哲学提法，推翻了古希腊的理想主义城邦伦理共同体建制理论，开创了现代政治原则，其人也因此获得现代政治思想之父的称号。在《利维坦》中，霍布斯借希伯来神话中的大怪兽利维坦比喻国家的权威，借此避免"自然状态"下人的因利争斗，并阐述了国家和政府的重要性。他反对"君权神授"的固有法理，倡导授予"统一人格"的一群人（拉丁文中称为 civitas）即与民众订之契约，誓言为他们服务的签约人，以绝对的权利订立契约，建立具有统一意志的政治共同体的国家，从而为近代政治哲学提供了用人的权利取代德性和义务的国家学说。霍布斯认为，为了避免人们之间的战争状态，需要一种强大得足以令人普遍敬畏的"公共权力"，人们应该放弃自我管理的权利。这样一来，一方面要赋予"大的利维坦"国家以不受限制的绝对权力，建立起强制履行契约的共同体来代表普遍人格和多数人的意见；另一方面要赋予主权者使用权力的绝对自由，以授权和代表关系建立绝对权利的共同体。缔约立国以后的臣民则要服从主权者，但主权者的人格统一性在绝对意义上无法完全摆脱自然人格，进而衍生出政府和国家权力绝对集中的独立发展轨迹，变成孤立的个体无能为力而又被迫臣服的大怪兽"利维坦"，这样一来国家成了强制的社会黏合剂。

　　洛克认为公民社会是一个"交互主体性"的复杂联合，一方面是参与缔约的个人自愿地成为被统治阶层让渡了自然状态中的权利以便获得稳定而又安全的共同体保护；另一方面是代表社会共同体的统治阶层，他们通过运用公共权力机关政府来施行统治代表国家。因此，洛克质疑共同体内部不同的人能否确立一种道德的普遍性性，为了防止公共权力的滥用，洛克完善了国家权力至上的学说，用"安全和秩序共同体"的君主立宪政体，进一步解答国家共同体缺乏权威的裁判者的问题。其一，分权制衡制度。行政权与立法权（立法权高于行政权）分立不同的机构掌握不同的职权，并且让议会通过掌握立法权控制君主及其幕僚的权力，君主、议会相互制衡，使权力处于可控的状态。其二，人民管理制度。赋予人民享有最高权力来罢免、解散政府或者重新组建新政府。这种受委托的权力才是整个公共权力的代表。这就意味着掌管公共权力的政府并非君主专制意义上的政府，这正是洛克超越霍布斯之处。洛克认为，成立抑或罢黜政府的目的在于保障人的先天不可侵犯的自然权利，而立法、行政与对外战权必须分开，则是因为人性的弱点不足以抗拒同时拥有制定并执行法律的权力带来的诱惑。在洛克看来，无政府状态都要好过暴政。其权力分立的主张后经孟德斯鸠的发展成为西方自由民主体制，借由宪政规范和分权制衡的政治共同体原则。

卢梭不论是在其《论人类不平等的起源与基础》中，还是在《社会契约论》中均认为，人类一切不平等的起源和基础是私有制和私有观念的产生，社会契约主要解决的课题就是如何建立一个"契约共同体国家"，即一个真正意义上的人民主权共同体。他不赞同霍布斯、洛克的自然权利观念，认为自然人在本质上是离群索居的，人们的朴素的自然本能和狭隘的欲望实际上只属于利己主义者，好的共同体不能依赖于这样的众人，以之为权利的制衡者必然导致被奴役和僭政。卢梭认为，人类的黄金时代是人类早期，那时人与人的关系是自由而平等的自然无功利状态。现代社会在新的理性与文明的进步中，产生了私有财产观念，只是保障了资产者役使他人的自由。"一切进步只是个人完美化方向上的表面的进步，而实际上它们引向人类的没落。"① 在《论人类不平等的起源和基础》中，卢梭将人类社会的演化划分为"平等—不平等—平等"三个不同的阶段：自然状态、私有制状态、理想的共和国状态。所以，卢梭特别强调"公意"（general will），认为公意是公共利益的体现，是公共的"大我"和公共的人格。卢梭提出的公益并不是少数服从多数的多数原则，而是人们基于人的理性本性和共同的利益而产生的共同意志；是基于普遍意志的更高层次上的社会公约，可以通过政府定期改选随时纠正偏差，使公共人格始终保持在公意的轨道之上。因此，在

---

① 卢梭. 论不平等的起源和基础 [M]. 李常山，译. 北京：商务印书馆，1962：120.

卢梭看来将政治中的道德要素去除就等于去除了共同体的联结纽带，而这一点正是卢梭不满意霍布斯和洛克的地方。在卢梭看来为公民社会奠基的不仅仅是政治因素，不能为了达成契约只选取全部人性中所需要的部分作为人的自然属性。所以，在卢梭的契约共同体中，要保障的自由应该是体现公意的法律。在《社会契约论》中，卢梭首次提出"主权在民"的思想。他指出国家主权在人民，而政府只是受人民委托具有执行法律的公权力，如若有违人民的"公意"，人民可采取民主选举的方式更换政府。在卢梭的视界里，人民和臣民是两个不同的概念，人民通过社会契约让渡人的天赋权利形成的不仅是一个道德的共同体，更应当是由社会公约奠基的主权在民的共和国，这个共和国就是人民契约的共同体。提倡全体缔约者建立"公民意识"，公民是国家的主人，政府成员是人民的公仆，人民委托官吏行使行政权并接受其监督。公民既可以作为全体人民制定法律也可以作为守法公民而出现，因此，公民这一现代性的核心理念在国家共同体内部具有主动和受动双重性质。卢梭超越自然法学派之处就在于他认识到了契约共同体本身就不是人们得之于自然的天然共同体，而是人们的一种理性的创制，其根本要义就在于每个人将其生命、财产等自身的理性利益放入社会公约，作为公共利益而受到保护。但是，卢梭一方面歌颂人的非理性的感性情感，另一方面却贬低个人的理性能力，提倡公意创制社会规则使单个人超出自然范畴。他"始终致力于把权利所允许的与利益所规定的统一起来，目的是使公正和功利在任何情况下都不被分离"①，公共幸福是卢梭创制国家的目的，他主张"道德政治"，提倡公共精神，消除霍布斯说的人与人之间的狼性斗争，从根本上脱离了愚昧的动物性，变得更加自由。

在马克思以前，霍布斯、洛克、卢梭已经认识到人类社会在根本上是一个具有道德、利益、权利整体性的共同体，个体只有与共同体结合，致力于契约建国才能达到真正的幸福。然而，他们的契约共同体思想暴露出了很大的理论困境，即他们虽然是古典自然法学派的杰出代表，提出了或以权利，或以制衡，或以公意取代每一个契约方的个体人格，追求具有普遍性的共同体缔结契约，但实际上却很难将其理论落实到逐步走入现代的民族国家体制内部。究其原因，马克思说"每个追求统治权的阶级都把自己的特殊利益说成是普遍利益，并赋予其普遍性的观念形式，把它描绘成唯一合乎理性的、有普遍意义的东西"②。而"道德政治"的伦理观提倡反对剥削，主张人类整体幸福的观点马克思是赞赏的。契约建国的理论困境使得马克思思考共同体问题时能够借助前人的探索，摒弃把强大政权因素、权利因素、公意道德因素、法律制度因素等作为突破这一理论难题的钥匙。尤其是随着资产阶级政治解放上升为人的"真正的"和唯一的共同体形式时，共同体的财富被私人占有的现实性和普遍性问题，使马克思认识到社会契约论只是起到了为统治阶级政权的合法性辩护的作用，他在《政治经济学批判》中就曾指出洛

---

① 涂尔干. 孟德斯鸠与卢梭［M］. 李鲁宁，等，译. 上海：上海人民出版社，2003：86.
② 德意志意识形态：节选本［M］. 北京：人民出版社，2003：76.

克的政治思想是为资产阶级辩护的事实。但是，卢梭以来的契约论虽然并不能使国家成为社会的黏合剂，但是，追寻思想家们理性的光，公民以天赋人权为依据，共谋共建的政治共同体正是国家朝向现代国家的发展方向不断进步的表现。在此过程中，摒弃神性、暴政和战争，谋划安全、正义和自由的共同体是人类理性的进步和成长。马克思肯定了人类运用不断成长的理性建构起来了民族—国家共同体，形成了后世承接的物质、文化遗产、既得生产力的历史积淀。

洛克和卢梭作为人民主权论的杰出代表，都主张把国家看作一个整合了个体权益的整体，但他们的人民主权思想只是名义上代表全体人民，实际上并没有解决无产阶级和劳动人民卑微的社会地位和处境。就连卢梭自己也承认"人是生而自由的，但却无往不在枷锁之中"①。而马克思秉持的阶级立场是无产阶级和劳动人民，认为国家共同体的合法性只有通过彻底革命使无产阶级和劳动人民真正成为国家的主人才能最终确立。同时，马克思质疑社会契约论从抽象的自然人性论出发来说明人的社会性只是鲁滨孙式的幻觉，为私有制服务的阶级利益仅仅具备了保护私人利益的片面性，怎么会发展为以公意道德为准的公共利益的普遍性，因此，所谓契约共同体只是一个幻象。但是，马克思并没有否定契约建国思想追求普遍性的理想，而是指出，人类共同体实践既有别于动物的群居生活，又远远超越于动物的群居生活，是人类独有的交往方式、生活方式和发展方式。早期人类共同体就是共同体社会，随着人类实践活动发

---

① 卢梭. 社会契约论 [M]. 北京：商务印书馆，1980：8.

展，共同体社会出现了分化、异化，产生了共同体的虚幻形式——国家。必须经历国家消亡的历史过程人类才能获得真正意义上的普遍性。

第三节 德国古典哲学家的主要共同体思想

无论是霍布斯主张建立的利维坦式的共同体、洛克主张建立的"安全和秩序共同体"，还是卢梭主张建立的是人民直接行使主权的"人民契约共同体"，虽然都是西方正统的国家理论，但是其旨在把共同体建构的理想寄托于"自然状态"基础之上的社会契约论假设饱受非历史性的质疑与争议。康德秉持近代社会契约论传统，从纯粹实践理性出发，提出了按照社会契约的理念结成国家间的迈向永久和平的联盟，形成一个"新共同体"思想；黑格尔看到了国家共同体中市民社会以及国家内部的君主、行政权利、等级差别等内部分裂因素，寄希望于"伦理共同体"的凝聚力量提出君主立宪制国家观；费尔巴哈则意在瓦解黑格尔"伦理共同体"的联结纽带——绝对精神，建构一个以"爱"为联结纽带的高卢—日耳曼原则的联盟。近代哲学自此开始形成以霍布斯、洛克、康德、黑格尔、费尔巴哈的共同体思想为完整谱系的关于"共同体"建构和发展的思想线索。马克思并没有简单地选取和综合这一谱系中前人的理论成果形成自己的思想，而是参用黑格尔的辩证法把上述思想的理论和实践放入否定之否定的辩证环节，考察其所形成的包含对立与差异的肯定性的规定作为其共同体思想的理论来源，特别是康德、黑格尔、费尔巴哈的哲学发挥了至关重要的作用。

一、康德"新的共同体"思想

康德严格划分了伦理共同体与政治共同体，认为保卫国际公共安全的世界公民状态是一种新的共同体，是以实现"千年福祉王国"的现实中的公民社会，即靠大自然隐蔽的计划或者说是天意形成国家间的联盟。康德明确提出建立国家的"源始契约"（ursprügliche kontrakt）理念，用以说明人为什么要脱离自然状态甚至是战争状态而进入到国家状态，他区分了自然状态、社会状态和公民状态来确证传统的社会契约论是一种规范性的理想而不是历史。建立国家的契约就表达了普遍同意的原则，它能够克服自然状态的种种不足。"国家，从它是由所有生活在一个法律联合体中具有公共利益的人们所组成，并从它的形式来看，叫作共同体或称之为共和国。"① 国家间如果没有形成联盟，就会像处于自然状态的人与人之间，常常处于战争状态。要实现永久和平，必须建构一个"千年福祉王国"。因此，他反对任何以暴力的和非民主的方式所进行的暴力革命，主张以善良意志为实践理性立法去改造英法启蒙政治哲学关于自然状态、自然权利与社会契约理论，允许"自由人"根据自然必然性的他律原则行事，且思想言论自由。人只有在共同体中自然禀赋才能得发展，人类需要一种强制状态，才能打破人的分裂倾向。希望统治者自上而下地改良国家共同体，而不是由人民自下而上地革命。社会

---

① 康德. 法的形而上学原理 [M]. 北京：商务印书馆，2015：135.

契约即理性命令并不是建立在个体利益之上，而是建立在人类文明的社会性基础之上，每个人以善良意志生活在法治状态的环境，形成一个公民的联合体。在康德看来，人作为理性的存在者具有善和恶的禀性，在自然状态中人们随时具有相互侵犯、处于战争状态的可能。因此，康德认为人类社会需要完成一项"特殊的义务"，即联合成一个伦理共同体。

康德认为，只有在宗教意义上，才可能建立一个伦理共同体。着眼于人的德行问题，康德称之为"原初的善"。对应的反义理念是"任性"即合乎需要的任意行为动机。人的任性即脆弱、思想不纯正和心术恶劣，是人不能获得"原初的善"的根由；"原初的善"也就是本来意义上的善，这种"善"并非生而有之，而是逐渐获得的。所以人们若能找到联合起来的原则，可以是内在的德行法则，也可以是强制的外在律法，康德称之为伦理的自然状态与后天的律法状态，从而走出人类的"自然状态"，走向"公民状态"，这一过程意味着共同体交往需要道德法则，即每个德行个体义务的道德准则。也正是在这一"特殊义务"意义上，人类才可以联合成为伦理共同体。由于人心本身有着趋于"任性"的倾向，康德认为人只有借助于上帝产生一种心灵的"革命""再生"和"创新"才能成为彻底完善的新人。在《单纯理性限度内的宗教》一书中，康德认为宗教就是解决"伦理共同体"中人到底能希望些什么的问题的前提。鉴此，康德"伦理共同体"意义上的共同体联合纽带实则超出了人类掌控的能力，是一种信仰。因为康德认为"即使每一个个别人的意志都是善的，但由于缺乏一种把他们联合起来的原则，他们就好像是恶的工具似的"①，而上帝信仰的有和无，于伦理共同体建构而言是至关重要的。

康德从律法秩序中提出"政治共同体"的建构。在这一共同体中，人民是立法者，原初的善是内在的、不需要公共律法约束；"个体"遵守"共同体"律法，而在伦理共同体中的个人遵守上帝的戒令。前者具有强制合法性，后者具有道德自律性。这里，"个体与共同体"指涉人类生活的组织样态，"个人与上帝"指涉人的信仰皈依，两者的联合原则有着迥异的差别。康德认为伦理共同体和政治共同体可以共存一体并称之为"新的共同体"。由于联合原则迥异，律法与义务的前提必须是保障人的自由。因此，康德认为政治共同体是为伦理共同体提供保障自由的基础，应当从道德哲学转移到政治哲学研究上来。所以，马克思说："有理由把康德的哲学看成是法国革命的德国理论。"② 在其《单纯理性限度内的宗教》一书中，康德就是要解决在"单纯理性"的研究域界中人到底能希望些什么。康德哲学在共同体问题上出现了一个悖论：一方面，发起哲学领域里"哥白尼革命"高扬人的主体性，志在完成政治共同体的律法建构；另一方面却依靠上帝的信仰证明确立人的道德约束力量，并为之提供出新共同体思想的论证。在《实践理性批判》中，康德上帝最高伦理共同体的立法者的地位。显而易见，康德的"理性启蒙"尚未走出"人的自我异化的神圣形象"③ 的泥沼，而这一点正是马

---

① 康德. 康德著作全集：第6卷［M］. 李秋零，译. 北京：中国人民大学出版社，2007：97.
② 马克思恩格斯全集：第1卷［M］. 北京：人民出版社，2002：233.
③ 马克思恩格斯文集：第1卷［M］. 北京：人民出版社，2009：4.

克思超越康德哲学的关键。马克思认为康德只是完成了德行启蒙，要进行彻底的启蒙除了要完成人在神圣形象中的自我异化之外，还必须针对资本主义的弊病"拜物教批判"消解人在"非神圣形象"中的自我异化，建立"自由人联合体"，来推进和完成彻底的真正意义的人类共同体建构。在此意义上，马克思倾注心力撰写《资本论》，通过对资本逻辑的揭示，实现对拜物教的批判。尽管马克思把康德哲学赞誉为"法国革命的德国理论"①，但在他看来康德"把这个善良意志的实现以及它与个人的需要和欲望之间的协调都推到彼岸世界"②。此岸世界与彼岸世界的割裂问题正是马克思探求新的实践观的元问题，马克思从人的实践活动出发，为共同体建构找到了一个新支点：现实世界中的个人。

二、黑格尔的国家学说

黑格尔坚定地认为"人们必须崇敬国家，把它看作地上的神物"③。其国家学说汲取古希腊城邦共同体以及亚里士多德的政治学，通过家庭、市民社会、国家三者的辩证关联探究了公共生活与私人自由的艺术，认为公共生活是私人实现自由的机会。在《法哲学原理》中，黑格尔从对于人类历史上起支配作用的绝对精神立场出发，认为国家、法律都应受到这种精神理性的支配，将市民社

---

① 马克思恩格斯全集：第1卷 [M]. 北京：人民出版社，1956：100.
② 马克思恩格斯全集：第3卷 [M]. 北京：人民出版社，1960：211–212.
③ 黑格尔. 法哲学原理 [M]. 范扬，等，译. 北京：商务印书馆，1979：285.

会①视为国家和家庭的伦理中介，他将国家主权人格化为君主，认为只有君主制国家才能做到维护社会的利益。

黑格尔认为市民社会的联结方式有别于家庭联结的纽带血缘或爱，体现了私人利益的联结，国家的理性势必要从整体和公共权力角度出发保护这种私人利益。所以，黑格尔眼中的市民社会是现代世界中形成的以个人利益为其联合纽带通过法律建立起来的契约社会，而"国家是伦理理念的现实"② 体现了普遍利益为联合的共同体。所以，黑格尔反对卢梭的契约建国思想，正是因为卢梭把公益仅仅理解为共同意志而不是普遍意志。任意的契约达不到神圣的伦理原则，不适用于国家建构的原则，而应当把国家建立在理性的理念基础之上。黑格尔认为由于家庭的分解，出现了"家庭的复数"，以自身为目的的独立的个人形成了相互依赖的需要关系并联结成为市民社会。市民社会的形成取代了家庭共同体表征了原始伦理精神的解体和独立个体追求物质利益联盟的兴起，其中私人利益与公共事务的冲突形成了私人利益的战场。他指出国家与市民社会不能混淆，市民社会摆脱了国家共同体对于个体的羁绊，在私有财产的领域里起作用从而达成缔约双方的"共同意志"，而在国家领域里应该贯彻的是"普遍意志"，国家应当是竖立在人身上的精神，在人身上实现自身的普遍意志。即人的理性。因此，"国家的本性也不在于契约关系中，不论它是一切人与一切人的契约还是一切人与君主或政

---

① 1821 年黑格尔在《法哲学原理》中首次使用了这一概念，旨在表征人类社会共同体的联系纽带（感觉、知性（Verstand）和理性）基此区分了人类联合的三种形式：家庭、市民社会和国家。

② 黑格尔. 法哲学原理［M］. 范扬，等，译. 北京：商务印书馆，1979：253.

府的契约……"①，黑格尔不同意人民用自己的自由意志来改善国家，认为人民的任意不能体现理性国家，改善国家是神的事情。黑格尔希望发动战争搅动国家精神的死水，认为在战争中神体现出绝对精神的意志，通过世界历史的淘汰原则，即发动战争使得国家精神日益进步。由此，黑格尔把普遍意志作为更高的伦理原则与市民社会中的共同意志做了区分，实现了市民社会与国家的划界，国家共同体的兴衰在于神的意志的普遍原则体现在战争中的优胜劣汰。国家普遍利益与个人的特殊利益矛盾的不断生成与和解、国家所倡导的伦理精神普遍性原则与个人在国家生活中获得普遍性意识的教化，因此家庭和市民社会从属于国家。黑格尔借此来维护市民社会与国家之同一性，提出国家先于家庭和市民社会，而后者由其分化而来。但是，"由于国家是客观精神，所以个人本身只有成为国家成员才具有客观性、真理性和伦理性"② 这就形成了黑格尔逻辑所特有的与实际生活脱节的"露骨的神秘主义"③。黑格尔认为，正是现代国家与市民社会的"分裂"，决定了市民社会的性质。他说："市民社会是个人私利的战场，是一切人反对一切人的战场，同样，市民社会也是私人利益跟特殊公共事务冲突的舞台，并且是它们二者共同跟国家的最高观点和制度冲突的舞台。"④ 他寄希望于生动的个体投身于整体民族并在民族的场域里，成就个体自身以使民族国家成为"伦理共同体"来实现对个体的教化，挽救市民社会内部的贫

---

① 黑格尔. 法哲学原理［M］. 范扬，等，译. 北京：商务印书馆，1979：82.
② 黑格尔. 法哲学原理［M］. 北京：商务印书馆，1961：254.
③ 马克思恩格斯全集：第 3 卷［M］. 北京：人民出版社，2002：19.
④ 黑格尔. 法哲学原理［M］. 北京：商务印书馆，1961：309

困问题、利己问题等，认为人类并不具备"天赋人权"的自由，要获得"自由"就要对人体的主观性进行限制，通过"个人在自己的联合中并通过这种联合获得自己的自由"①。直观地看，黑格尔认为"民族"本身就是一种指向世界历史进程的概念。民族表征了伦理共同体，它的成员也大都是实际的、具备伦理精神的人。黑格尔认为这种伦理精神可以形成情感的归属，因此伦理共同体内部就具备了共同的绝对理念，从而有别于单纯的人的复数性存在之"国家"概念，也有超出国家地域的特定的历史涵义。各民族追求各自的伦理原则，在世界历史发展进程中彰显各自的民族精神。

由此可见，黑格尔仅仅从人的精神本质出发区分市民社会与国家，意味着以伦理共同体的视角对抗市民社会中的利己个体。就是说，黑格尔看到了市民社会和政治国家的分离的事实。而他为官方辩护的方法却是通过把私人等级纳入立法权和国家的教育，达成自我意识的相互认可。可见，黑格尔认为通过私人等级的伦理来确定市民社会和政治国家两个分裂的领域联系起来是以市民社会内部个人的利益和需要为代价的手段。国家代表着共同体的普遍利益是伦理精神发展的最高阶段。从形式而言，个人是一种被设定了的集合关联，而不是一种单纯的众多。因此，在黑格尔的共同体思想中，"共同体"是融合了普遍性与特殊性为一体的概念，其内部的权力与服从关系正是相互依存、互为主客的关系，其中个人、家庭和市民社会都必须从属于国家。在国家的伦理共同体中，普遍利益不排斥个人的特殊利益、需要和权利，反而是其充分发展的保证。同时，

---

① 黑格尔. 法哲学原理［M］. 北京：商务印书馆，1961：258

黑格尔特别强调作为国家共同体的成员，个人在国家生活中接受"教育"特别是通过劳动的实践教育并获得普遍性意识，从而自觉地把普鲁士王国作为理性的最高存在。黑格尔在《法哲学原理》中认为经过家庭—市民社会—国家，个人的自由、需要和权利获得了具体的定在，从而实现了普遍承认的条件，克服了利益分离的力量，经过这一辩证发展，个体最终在国家共同体中获得了自由。在黑格尔看来，国家作为至高无上的伦理实体是独立的主体，以保障全体成员的幸福为目的。君主立宪的国家和国王作为绝对精神之体现才是真正的共同体根本的缔结力量，而不能是人民的民主，因为人民是不能离开君主的。

马克思认为黑格尔眼中的真正的共同体是虚幻的，人类的自由和解放，不应在理想的国家中，而应当在更高的共同体中寻求。实现这一目标的大前提就是要把人从国家虚幻的共同体统治中解放出来，废除国家这一统治阶级的工具。就这样，马克思沿着黑格尔的辩证法找到了思路："凡是现存的，都一定要灭亡。"① 透过黑格尔抽象的、逻辑的、思辨的表达，马克思洞察到了黑格尔"是第一个想证明历史中有一种发展、有一种内在联系的人"②。从而批判性地继承了黑格尔的个人—市民社会—国家—人类的历史原则，即辩证法思想来分析共同体发展的历史。与黑格尔相似的是，马克思同样认为国家作为共同体并不能依靠外部的"他者"比如上帝来营造，而要从劳动的本质中寻求共同体的内生性属人本质，提出"使社会

---

① 马克思恩格斯文集：第 1 卷 [M]. 北京：人民出版社，2009.
② 马克思恩格斯选集：第 2 卷 [M]. 北京：人民出版社，2012：42.

重新成为一个人们为了达到自己的崇高目的而结成的共同体，成为一个民主国家"① 的思想。恩格斯总结到："马克思从黑格尔的法哲学出发，得出这样一种见解：要获得理解人类历史发展过程的锁钥，不应当到被黑格尔描绘成'大厦之顶'的国家中去寻找，而应当到黑格尔所那样蔑视的'市民社会'中去寻找。"② 马克思看到了个体自由被泯灭于国家共同体的权威，自由屈从于必然，绝对精神代替了理性权威。但是，市民社会内含了对社会发展极为关键的动力要素——劳动生产力，进而使马克思转向了市民社会研究。

黑格尔认为自由是以共同体的形式实现的，最能体现这种自由联合的是君主立宪制度，并声称君主是自然的、至上的，君主立宪制度甚至可以通过不断发动战争来解决市民社会中人与人由于利益等的冲突引发的伦理缺失，从而凝聚人心。黑格尔实际上是把国家作为人们共同生活基础的伦理与文化的共同体，而要使人成为具备普遍的伦理精神和文化传统的自由人必须保证君主血脉的沿袭。马克思看来，抽象的肉体特征如胡子、血液等人的肉体本质不是人的社会特质，"国家的职能等只不过是人的社会特质的存在方式和活动方式"。③ 肉体的出生，只是人进一步成为社会的人的前提，而不能成为决定性的规定，否则人无异于动物。显然，马克思比黑格尔更进一步的是看到了人的社会性。

马克思在其哲学生涯的早期汲取的最为切近的资源是黑格尔哲学思想，且是青年黑格尔派的成员，即便是在晚年写作《资本论》

---

① 马克思恩格斯全集：第1卷［M］. 北京：人民出版社，1995：228.
② 马克思恩格斯全集：第16卷［M］. 北京：人民出版社，1964：409.
③ 马克思恩格斯全集：第3卷［M］. 北京：人民出版社，2002：29.

第二版的跋中他也公开承认自己是这位哲学大师的学生。秉承黑格尔从理性出发来看待问题的思维方式，马克思也认为国家能够代表人类理性和普遍利益，然而，现实的生活使马克思的思想发生了转变，1843年3月到9月底马克思于克罗茨纳赫写《黑格尔法哲学批判》，以社会历史发展唯物主义方向发起了对黑格尔法哲学全面的批判。马克思延续了黑格尔关于市民社会和国家分立、特殊性和普遍性统一的"家庭—市民社会—政治国家"分析框架，他赞同黑格尔的观点，认为不能片面地以众人暂时性的共同意志为国家原则，而应该重视符合人性的普遍意志。早在《莱茵报》时期马克思就曾站在国家的立场上批判私人利益，但他很快发现普鲁士国家和法不能起到保障个人利益的作用，提出了与黑格尔截然相反的意见。他说："实际上，家庭和市民社会是国家的前提，它们才是真正的活动者；而思辨的思维却把这一切头足倒置。"① 在马克思看来，追溯社会历史的动力，应当落脚于现实的有生命的个人，个人表现自己的人的生命特殊性取决于生产和人们之间的物质交往，而国家体现了人的实践普遍性以及和市民社会的关系。黑格尔以君主立宪制的理性国家来克服两者实然上的分裂，以期实现两者之间的同一，马克思认为黑格尔较为深刻的地方即在于此。在关乎人类美好生活的层面，国家作为凌驾于整个社会之上的共同机构，它理应一视同仁地、公正地处理国家共同体内部的一切事务。但实际上，马克思却发现，现代民族国家实质上是阶级统治的暴力机器，作为一种独特的历史性建构并不具备自然共同体的天然合法性，必须为之提供某种具有

---

① 马克思恩格斯全集：第1卷［M］. 北京：人民出版社，1956：251.

哲学深度的合法性论证，使之承秉神圣性以建构共同体的凝聚纽带。黑格尔的国家学说切中了德意志民族国家建构现实，强调了绝对精神的合理性和普遍性，并将其论证成为人类世界的主宰。马克思则是把个人的历史性存在规定为世界的主体，通过将主体从无限的绝对精神转变为有限的人而又把现实的人沦为物的客体的处境活生生地展现出来。马克思提出了否定资产阶级财产权及其权力运作，以此彻底解构和超越了黑格尔的国家观；同时，通过强调以社会所有制公平基础上的人民民主，而将黑格尔所捍卫的君主立宪制国家推向制度批判的前沿。事实上，马克思并没有把国家的阶级职能做全盘否定化的理解。在考察有分工和私有制形式的国家时，马克思绝没有仅仅满足于对国家实质的批判，而是在基于对黑格尔国家学说展开的批判基础上，恢复了国家存在合理性的辩证法。1853 年在《不列颠在印度的统治》一文中，马克思肯定了国家的公共事务管理中财政、军事、建设的职能。因此，马克思超越了黑格尔的国家学说之处在于，通过对国家内部社会等级和分工的理解，最终在个人自由全面发展、社会生产力的极大丰富及对社会财富公共性问题上扬弃了国家虚幻共同体，勾勒出历史唯物主义关于未来共同体的图景，确立一种以共同体发展为线索的国家消亡学说。

三、费尔巴哈关于人的类本质思想

1839 年费尔巴哈在《哈雷年鉴》上发表的《黑格尔哲学批判》一文，标志着他与青年黑格尔派的决裂。1841 年，费尔巴哈发表《基督教的本质》，1843 年发表《关于哲学改造的临时纲要》，使得哲学由"天国"回到"人间",唯物主义重新登上哲学王座,令世人为之一振。马克思深受费尔巴哈哲学思想这一人本学转向的影响,1844年8月致信费尔巴哈说因为费尔巴哈使得社会主义有了哲学的基础,这一基础即是:"建立在人们的现实差别基础上的人与人的统一,从抽象的天上降到现实的地上的人类这一概念。"① 费尔巴哈从感性主体观出发,认为人的个体本质体现为"类","孤立的、个别的人,不管是作为道德实体或作为思维实体,都未具备人的本质"②。马克思早期接受了这一思想,并认为相较于17、18世纪用自然说明人的本质的唯物主义,把人看作孤立的社会原子以及黑格尔的抽象人的本质观,费尔巴哈人的类本质观是一大进步。这一点明显地表现在其早期文本(主要是《1844年经济学哲学手稿》和《神圣家族》)中,诸如"感性的人""现实的人""类意识""类本质"等费尔巴哈式的表述。马克思在《1844年经济学哲学手稿》中分析费尔巴哈对唯物主义的贡献时指出:"费尔巴哈也使'人与人之间'的社会关系成了理论的基本原则。"③ 费尔巴哈继承了法国唯物主义的两大启蒙哲学:"人本主义"与"自然主义",在此基础之上将"个体"与"类"同一起来。费尔巴哈的人本主义虽然强调人与人关系的社会性,指的是自然主义的人的需要和爱的关系,与马克思后来认识到的建立在生产劳动基础上的社会关系有着本质区别。但是,费尔巴哈的人的本质观只是在宗教批判的意义上发挥了启蒙精神,旨在以人性对抗宗教的神性,因此,费尔巴哈式的人的类本

---

① 马克思恩格斯全集:第47卷 [M]. 北京:人民出版社,2004:74.
② 费尔巴哈著作选集:上卷 [M]. 北京:商务印书馆,1984:185.
③ 马克思恩格斯全集:第3卷 [M]. 北京:人民出版社,2002:314.

质说被马克思讽刺为长期居住于穷乡僻壤的传统农业文明的思维，表征的依然是自然神论，尚未进入现代工业、商业和技术发展的人论；而在无神论及反对宗教的启蒙意义上，马克思对费尔巴哈人的本质观予以高度评价。

费尔巴哈的哲学从感性立场出发，认为"感性"意味着爱，爱是存在的标准。"除了爱，除了一般的感觉之外，再没有别的对存在的证明了。"① 因此，应该从感性出发理解人，而人的生命意味着爱，这种人类的爱并不是抽象的无感觉、无情欲的神学意义上的被动规定，而是发乎情的人的本性。在人禽之辨的思考中，费尔巴哈提出心情、感觉、情欲是属人标记，由此他以"感性世界""感性存在"为研究基础的新哲学，认为"如果没有对象，主体就是无（没有了对象，人就成了无）"②，并进一步指出"对象"本身是主体所固有的本质。属人的感性生活是把人当作对象本身，而不是绝对主体，因为绝对主体无对象就无从指认自身的主体性。费尔巴哈不赞成以往的唯物主义把人的物质性看作抽象的物质，认为抽象的物质实体只是思想的客体，而不是感性的人的客体；更不赞成宗教把人的灵魂与肉体分离的二元论，提出宗教使得现实的人把自己的本质力量赋予自身创造的对象，而人的本质却被遮蔽，异化了，活跃在对象（上帝）中，被这个对象支配和统治了。在费尔巴哈看来，理性、爱和意志的感性存在是对象性的人的"类"存在。人类世代所累积的丰富性决定了"类"的丰富性，包括知识、文化、历史等。

---

① 费尔巴哈哲学著作选集：上卷［M］. 北京：商务印书馆，1984：618.
② 费尔巴哈哲学著作选集：上卷［M］. 北京：商务印书馆，1984：29.

所以，费尔巴哈反对思辨哲学和神学的抽象，提出"类意识""类存在"的概念，"一种内在的、无声的、把许多个人自然地联系起来的普遍性"①，来建构人类共有的价值整体。在这层意义上，间接否定了康德、黑格尔关于依助神力或者绝对精神建构超感性世界的永恒共同体联结的思想。

费尔巴哈指出："这个人是存在的，并且知道自己是自觉的自然本质，是历史的本质，是国家的本质，是宗教的本质。"② 指明了个体作为人的类本质具有内在联结的普遍性。费尔巴哈基于"新哲学"不依赖超感性世界的神性本质来说明自然与人的关系、个人和类的关系，正如人离不开水足以证明人离不开自然；如果没有人，自然的质料也不会自己产生酒和饼。感性和理性的联盟是人类的直观感觉和人类进步的理性建立的联盟：高卢—日耳曼原则的联盟，高卢对应的是女性的、浪漫的、感性的特质；日耳曼对应的是男性的、理性的、逻辑的原则。费尔巴哈试图消弭感性与超感性的二元对立，并将二者的联姻比拟为德国父亲和法国母亲的水乳交融，认为只有这样的联盟建立起来了，才会有真正的生活和真理。这就意味着每一个主体——人，要给自身设立一个最终目标以达到自然与精神之统一。这就要求理论与实践统一于这一"最终目标"。费尔巴哈如是解读主体和客体的关联，他说："关于人或者自我，——在其概念或者在其本质里已经包含了世界的存在，或者在自己之外的你的存在"③，主体、客体两者的中介是直观。在看待自然或世界时，直观

① 马克思恩格斯文集：第1卷［M］.北京：人民出版社，2009：501.
② 费尔巴哈哲学著作选集：上卷［M］.北京：商务印书馆，1984：116.
③ 费尔巴哈.费尔巴哈哲学著作选集：上卷［M］.北京：商务印书馆，1984：527.

就是在事物中看到事物本身，其中理论直观采取希腊式原则（美学和学术意义上的），实践直观采取犹太人原则（专擅的利己主义）。马克思在《德法年鉴》时期的基本立场，深受这一思想的影响，特别是费尔巴哈用"现实的人"的概念对抗黑格尔"绝对精神"，将现实社会的批判与理想社会的追求有机关联起来，从而较为成功地从完整的现实的人的关系来考察共同体问题。

费尔巴哈通过论证感性的对象性概念以确证人的本质、人的主客体关系；并从人的自然属性论证人的类意识，进而进一步论证人的本质或者人的类本质，并借此逻辑阐述了宗教使人与其类本质相脱离的实质。费尔巴哈反对基督教教义中因为个体与上帝直接联系而重"个体"轻"类"的倾向，在《基督教的本质》中认识到基督教与异教徒的区别在于混淆了个体与"类"两者的区别并将其等同起来。他进一步指出三位一体的关系其实反映了由"我"和"你"的互动关系表征了团体的生活和社会的生活。因此，要透过宗教共同体企图掩盖的面纱看到实际上个体只有通过在类中交往联合才能称之为个体的事实，即现实的人的类生活："孤立的个别的人，不管是作为道德实体还是作为思维实体，都未具备人的本质。人的本质只是包含在团体之中，包含在人与人的统一之中"①，形成了以人与自然为两个核心向度上的人的"类存在"本体论。质言之，自然和人是感性的、对象性的现实存在，人在与自然发生关系的对象性活动中确定了自身以及相应的主客体关系，同时又在人的类意识中确证了人与其他自然物的差别并从人的自然存在来论证人的类存在。

---

① 费尔巴哈. 费尔巴哈哲学著作选集：上卷［M］. 北京：商务印书馆，1984：185.

在费尔巴哈的新哲学中人与自然是密不可分的，他深情地表述了有血有肉且自由呼吸的人要回到自然，人离不开大地的怀抱等美文学式的宣言，旨在说明人的存在方式是类的整体性。人自觉的自然本质，政治和社会的统一源自人间真实的爱而不是源自上帝的、被异化了的、想象的爱。这一"现实的人"的思想直接影响了马克思。在《巴黎手稿》中，马克思写下了费尔巴哈式的语言："现实的、肉体的、站在坚实的呈圆形的地球上呼出和吸入一切自然力量的人。"① 因此，在费尔巴哈那里，"我"对"你"直观的爱的确证就是人与人之间结成共同体的不证自明的纽带，亦是"我与世界之间的纽带"②，是共同体生活的真实情感。人要把赋予神的爱转化为对人的爱，以达成市民社会中人与人之间真实的统一。

马克思肯定了费尔巴哈对宗教批判的历史功绩，但也批判性地指出费尔巴哈对于市民社会的自我分裂和自我矛盾的说明只是从客体的、诉诸感性直观的方式，而没有把人的感性——对象性活动理解为实践活动；把人的关系理解为自然本质出发的"爱"的关系，虽然看到了人类的"爱"在"自然共同体"生成过程中的纽带作用，而没有看到人的社会本质，更无从理解人的社会关系随着自然共同体的瓦解、所有制关系的改变都已经不复存在了，共同体的纽带不仅仅是血缘、地域和爱。所以，正是通过对费尔巴哈人本哲学的扬弃，马克思洞察了人的共同体本质，在《黑格尔法哲学批判》中，马克思用"类形式"指代家庭、市民社会或者国家。当然，马

---

① 马克思恩格斯文集：第1卷［M］. 北京：人民出版社，2009：209.
② 费尔巴哈著作选集：下卷［M］. 北京：商务印书馆，1984：96.

克思没有在"类"概念中止步不前，他在《关于费尔巴哈的提纲》中写道："人的本质并不是单个人所固有的抽象物。在其现实性上，它是一切社会关系的总和。"① 强调正是个体之间的社会关系形成了人的社会存在，由此形成了社会意识。社会存在与社会意识两者这一逻辑应然上的先后关系成为实然上的决定与被决定关系。费尔巴哈看到了人却没有发现社会关系的基础是人类的实践活动，把人的本质理解为"类"但还是未能区分动物的群居性和人类的共同体本质，而人禽之辨最大的本质差别就在于人的本质体现为不同历史阶段的社会本质。这一点恩格斯后来概括为"两个提升"（物种提升和社会提升），而人的共同体存在则是由其社会性决定的。在费尔巴哈那里的"超阶级的爱→人的类本质"逻辑序列与马克思的"实践→人的共同体本质"逻辑序列迥然不同。马克思在《1844 年经济学哲学手稿》中，认为费尔巴哈的伟大功绩之一，即是"创立了真正的唯物主义和实在的科学，因为费尔巴哈也使'人与人之间的'社会关系成了理论的基本原则"②。与费尔巴哈不同的是，马克思在《关于费尔巴哈的提纲》中指出了人类的感性实践活动的"类"本性，不能脱离劳动实践中结成的人的丰富的社会关系来规定，开启了走出"抽象的普遍性"的人本主义困境以及重建共同体价值的实践路径。继之，马克思把立脚点定立在"人类社会或社会化的人类"③。恩格斯后来总结说，马克思于 1845 年在《神圣家族》中开始用"现实的人"及其发展的历史代替了费尔巴哈对抽象的人的崇

---

① 马克思恩格斯选集：第 1 卷［M］．北京：人民出版社，2012：135.
② 马克思. 1844 年经济学哲学手稿［M］．北京：商务印书馆，2003：96.
③ 马克思恩格斯文集：第 1 卷［M］．北京：人民出版社，2009：506.

拜，正是实现共同体社会（其原则是共产主义）的现实根基。

第四节 以18世纪法国唯物主义为哲学基础的 共产主义学说

共同体的拉丁文"communis"从词源学上看具有"共产主义"的意蕴，表达了共产主义者的共同体的愿景。马克思倡导的共产主义思潮主要是从唯物主义哲学中产生的。在《神圣家族》一文中，马克思提到了直接起源于法国唯物主义的成熟的共产主义思想，如傅立叶的实际实验。马克思特别强调了唯物主义对于共产主义思想的意义，他说："比较有科学根据的法国共产主义者德萨米、盖伊等人，像欧文一样，也把唯物主义学说当作现实的人道主义学说和共产主义学说的逻辑基础加以发展。"[1] 马克思将18世纪的唯物主义视为共产主义学说的思想根源，认为源于18世纪法国唯物主义的共产主义思想影响了轰轰烈烈的法国大革命，为共产主义提供了无产阶级的实际力量和思想准备，具有极强的历史穿透力。在《黑格尔法哲学批判导言》中，马克思把"无产阶级"看作是"物质武器"而唯物主义原则的哲学则是"精神武器"[2]，这一"精神武器"能够使得人们理性地生活，在关乎社会问题、生存环境、革命等问题的认识上较之于其他的空想社会主义学说更能切近实际地把握现实的

---

[1] 马克思恩格斯全集：第2卷［M］. 北京：人民出版社，1957：168.
[2] 马克思恩格选集：第1卷［M］. 北京：人民出版社，2012：16.

人的自由和幸福。

一、空想社会主义思想家关于和谐社会的构想

其一，倡导和谐价值理念的共同体建构思想。法国空想社会主义者傅立叶于 1803 年发表《全世界和谐》一文，设想未来理想社会的和谐制度为"法郎吉"，提出由此取代资本主义社会。傅立叶认为，人类历史分为蒙昧时代、野蛮时代、文明时代和消除了阶级差别的傅立叶时代。在"傅立叶时代"有和谐的"法郎吉"制度，劳动是自愿的且人们劳动是出于爱好和享受，是一种乐生要素，在此基础上科学技术、艺术修养都会提高，这一思想与马克思后来所提到的劳动将会成为人的第一需要非常相似。因此，和谐表现在共同体内部成员分配的正义、才能的发挥、职业的自由以及妇女的解放等诸多方面。1824 年空想社会主义者欧文斥巨资在美国印第安纳州进行"新和谐公社"的共产主义试验，并于次年买下 2 万英亩土地建立共同体实验地。欧文邀请了美国和欧洲国家大约 900 名男女成员，包括医生、技术人员、作家等，提出施行工农商学大联合的"公社联合体"制度，主张"联合劳动、联合消费、联合保有财产和特权均等的原则"①。欧文要求大家合作劳动建立起代议制式的政府，各司其职，实行财产公有，按照各自的需求在集中的地点领取物资，等等。这些做法符合各尽所能、按需分配的共产主义原则。但是，不久这个"财富共同体"就分裂了，1827 年彻底宣告失败。恩格斯后来总结到："欧文、圣西门、傅立叶的著作现在和将来都是

---

① 欧文. 欧文选集：上卷 [M]. 北京：商务印书馆，1965：327.

有价值的"①，无论是傅立叶还是欧文都对资本主义的真实社会状态进行了解释和力图改变，但是所有的改变实践虽然都付出了巨大的代价，但都没有深入到社会变革的内在本质，都只是从现象的表面进行批判与重建，因而必定流于失败。

其二，消灭私有制和消除阶级差别的思想。莱茵报时期的马克思对于当时的社会主义学说的基本态度是否定的，但是这一时期马克思接受了费尔巴哈的人本主义哲学，认为这一哲学给社会主义提供了唯物主义基础。1837 年，赫斯在《人类的圣史》中表达了对人类原始公有状态的缅怀并寄希望于革命废除私有制和继承权，铲除社会不平等的根源以恢复平等与和谐的公有状态。1842 年接受了费尔巴哈的唯物主义哲学的赫斯在《莱茵报》上发表文章，提出要发起无产阶级反对私有制的斗争。

二、莫泽斯·赫斯的"共同体"思想

莫泽斯·赫斯接受了法国唯物主义基础上的社会主义学说并尝试从哲学的角度加以论证，1843 年他在《社会主义与共产主义》一文中，从劳动与人的自由的关系对社会主义做了立意高远的理解和界说。赫斯接受了空想社会主义思想家关于和谐社会的理论，认为财产共有、劳动自由、共享是至善的共同体应有的状态。值得重视的是，赫斯提出了"自由共同体"和"有机共同体"两个概念。"自由共同体"就是社会主义的自由与平等统一的联合体，在这样的联合体中人能依据个体的不同而受到相应的教育，基此从事职业并

---

① 马克思恩格斯文集：第 3 卷［M］. 北京：人民出版社，2009：79.

自由地发挥人的爱好、能力和天赋，平等地享有物质分配权利。建立在生产力和物质基础上的"有机共同体"就是强调人性、社会发展与共同体的发展协调的一致性。赫斯认为，未来的共同体社会将是每个自由人共产、共享以及个性全面发展的和谐社会。赫斯将"爱"看作共同体的纽带，以对抗货币拜物教导致的异化的利己主义个体原则。

赫斯以行动哲学标明其共产主义学说与空想社会主义学说的反差。他在《行动哲学》中，从行动哲学出发论证未来社会，阐发了人的交往活动于生命而言是人重要的交往（verkehr）关系本质。赫斯认为，交往是有机共同体得以发展的根据，而共同体发展的方向就是共产主义的自由共同体。赫斯在《论货币的本质》中提出，在资本主义现实经济生活中，货币在人的交往行动中作为一种外在的、异己的力量支配、统治了人，本应作为主体的人最终沦为货币的客体，人的类本质异化了。赫斯认为，人际交往与生产力发展成正相关，就是说"人与人的交往越发达，他们的生产力也就越强大。当他们的交往还很狭小的时候，生产力也就低下"[①]。在赫斯看来，共同体中的成员如果摒弃交往，将自己的生命活动置于共同体之外，个体将不能与共同体的成员协调一致地对抗自然力，个体将面临死亡。反之，社会生产力及人类能力的提升有赖于人在共同体中的交往和生产。赫斯从生产力与交往的关系入手论证以类本质建立有机、自由的共同体之合理性，为人的类本质界定了新内容；又从反面展开了对资本主义金钱异化关系的社会批判。他指出，货币使人的共

---

① 赫斯. 赫斯精粹 [M]. 邓习议，编译. 南京：南京大学出版社，2010：139.

同体生活发生了彻底的改变，使个体和共同体矛盾对立，比如基督教里的人将生命让渡给上帝，在尘世里，人们喝着众人的血，看着手中的私利，将生命让渡于货币，淋漓尽致地展现了利己主义、社会的丛林法则及人被异化后的动物性。货币异化的后果是原始的掠夺、等级的分化，金钱的崇拜，于是自由竞争变成了一切人为了货币反对一切人的战争。一定意义而言，马克思关于"异化劳动"理论以及"自由人联合体"思想，显然受到了赫斯一定程度的影响。在写作《1844年经济学哲学手稿》的序言时，马克思提到了德国社会主义学者赫斯的著作和恩格斯的《国民经济学批判大纲》"丰富而富有独创性"①。

概而言之，以唯物主义为哲学基础的共产主义学说，为马克思明确了共产主义是私有财产，为劳动异化的扬弃提供了学理证明。但是，在马克思看来不论是傅立叶式的浪漫主义的"法郎吉"，还是幻想依靠资本家投资去改善工人状况、制造和谐社会的欧文等人幻想依靠资本家投资去改善工人状况、制造和谐社会的空想社会主义学说，由于时代的局限，都不可避免地存在着两大理论缺陷。其一，不了解物质生产在社会进步中的重要意义。为此，马克思申明，与浪漫主义不同，共产主义绝不是采取违反自然方式回归不发达的、普遍贫困的简单平均状态。正是由于当时社会主义思潮的空想性质，马克思在19世纪40年代之后有意识地把"共产主义"概念与空想"共产主义者"使用的"社会主义"概念区别开来，这一点可以在《共产党宣言》中窥见一斑。其二，体现在对私有制的片面理解中，

---

① 马克思恩格斯文集：第1卷［M］. 北京：人民出版社，2009：112.

固然有对私有制的批判，却流于简单粗暴的绝对平均主义。马克思在《1844 年经济学哲学手稿》中，批判粗陋的共产主义者"把自己设定为积极的共同体的私有财产的卑鄙性的一种表现形式"①。为了克服这一缺陷，马克思提出从私有财产的普遍化上升到私有财产的积极扬弃的思想，从而一步一步地把视野移向由无产阶级作为扬弃私有财产的主体，在"自由人联合体"的意义上理解共产主义，相对于原子化的个人主体导向的资本主义社会批判而言是一个超越现实经验生活的发展维度。

① 马克思恩格斯全集：第 47 卷 [M]．北京：人民出版社，2004：73.

第二章

马克思共同体思想的生成

  "任何真正的哲学都是自己时代的精神上的精华"①。马克思创立唯物史观的时期，正是资本主义虚假共同体发展时期。这一时期，尤为突出的时代特点是阶级矛盾日益走向尖锐化，马克思亲历了资本主义机器大工业以及科学技术的广泛应用，不仅改变了人们的物质生产方式，而且使人们的政治生活和精神生活发生了巨变。马克思通过反思发现，不论是古希腊哲学家关于伦理共同体思想还是欧洲近代进步思想家的价值理念、德国古典哲学家的共同体思想，全部理论都是以弘扬自由在共同体中得到升华的思想传统为基点的。然而，马克思目睹了资本来到人间，借助资本的力量，破坏了人们对在共同体中实现自由的美好期待，共同体异化了的现实。这就使马克思逐步体会到工业和商业的活动对人类共同体的实践所带来的质变，能够更加深刻地揭示真实的共同体所应包含属人本质、价值取向、物质条件以及共同体发展与个体自由的辩证关系。马克思由此洞悉了人的"类存在"于共同体发展的意义，指出："只有当现

---

  ① 马克思恩格斯全集：第 1 卷［M］. 北京：人民出版社，1995：91.

实的个人把抽象的公民复归于自身，并且作为个人，在自己的经验
生活、自己的个体劳动、自己的个体关系中间，成为类存在物的时
候，只有当人认识到自身固有的力量是社会力量，并把这种力量组
织起来因而不再把社会力量以政治力量的形式同自身分离的时候，
只有到了那个时候，人的解放才能完成。"① 马克思共同体思想之所
以是生成的而非一经产生就永恒不变的存在，在于其总是要超越现
成的存在达到理想的境界，所以，从马克思共同体思想的生成视阈
可以清晰地沿着马克思怎样揭示人的本质、人类解放的逻辑，观察
马克思共同体思想的历史生成。马克思力图突破西方思辨哲学传统，
以发展中的人的自由何以实现为核心的问题，研究走出国家共同体
与个体自由困境的途径。创立新唯物主义世界观的过程，也正是马
克思共同体思想生成的过程。

第一节　普遍意识与自我意识

在马克思的博士论文《德谟克利特的自然哲学和伊壁鸠鲁的自
然哲学的差别》中，马克思关注到了原子论（Die Atomistik）哲学在
伊壁鸠鲁哲学中的创新。伊壁鸠鲁把现象世界与本质世界结合起来，
阐发了原子脱离直线的偏斜运动对定在的斗争和对抗打破了必然性
的"命运束缚"，它体现了偶然与必然、个体与总体等较为成型的自
我意识和普遍意识的矛盾的核心问题。从反思伊壁鸠鲁哲学开始，

---

① 马克思恩格斯文集：第 1 卷［M］. 北京：人民出版社，2009：46.

马克思关注到自亚里士多德以来，个人命运与城邦命运在共同体中紧密联结，对天体的崇拜和宗教的信仰使得城邦文化表征了个体与共同体一体化的信息。在伊壁鸠鲁看来，人必须摒弃神话思维，把现象理解为本质世界所反映的现象，才能摆脱人对于天体现象的恐惧，消除人对于宗教的依赖以及把受必然性支配的人类遭遇理解为神力的唯心主义哲学。在伊壁鸠鲁那里，马克思看到了现象应该"被理解为本质的异化"①。马克思特别推崇伊壁鸠鲁哲学反对宗教神学的革命性，认为神是人的自我意识的异化，他满怀激情地说："人的自我意识是最高的神性。"② 在人与外部世界的关系中，马克思认为原子的偏斜运动为自我意识的独立和自由精神开辟了空间，在共同体的生活中应当表现为更多的能动性和自由。在这一点上，马克思没有被这一原子的倾斜运动带偏，像费斯特那样退回到主观唯心主义立场，而是强调了自我意识与外部世界的统一。

在前资本主义共同体阶段，现代意义的市民社会和国家并没有形成和独立，因而共同体总体框架就是契约国家和依附于其上的个体联合各个组织，国家和社会生活混淆一体。随着人从宗教、地域、血缘等束缚中走出来，市民社会的形成宣告了国家共同体内部的矛盾，战争打破了共同体的静态，个人变成被抛到了共同体解体的不安中第一次作为原子个人独立面对变动不居的战乱环境。伊壁鸠鲁提出每个原子按照"自己的不可入性"（自己的利益）约定如何生活，于是"个体本位"的价值观凸立起来，个体生命和私人利益的

---

① 马克思恩格斯全集：第 1 卷［M］. 北京：人民出版社，1995：52.
② 马克思恩格斯全集：第 1 卷［M］. 北京：人民出版社，1995：12.

保障上升为人的第一需要和本能，这就形成了社会个体约定的城邦的法律。伊壁鸠鲁认为："在从我们的同胞们那里获得较好的安全之时，那么在有能力提供支持和物质繁荣富裕的基础上，就会以最真实的方式，产生从众人中抽回的一种宁静的私人的安全生活。"① 马克思欣赏伊壁鸠鲁这种转向内心宁静与满足的类似"大隐隐于市"的思想境界，但是，他更倾向于从青年黑格尔派的自我意识出发，超越内心世界转向，以意志和实践改变外部世界的现实关照，关注现实的生活世界。原子个体的偏离运动说明了人的存在的自由就是脱离了物质局限性的定在。马克思意识到人的自我意识矛盾是一个能动的、不断自我创造的过程，自我意识为了实现自己的欲望，就要不断否定其物质形式，并在这种否定中扬弃自身，不断创造人与人之间、人与物之间的否定关系，决定了感性世界的批判性特征。马克思把这一思想看作是一条心理学规律，他说："在自身中变得自由的理论精神成为实践的力量，作为走出阿门塞斯冥国，面向那存在于理论精神之外的世界。"② 这实际上是马克思对于思维和存在关系问题的初步解答。

从伊壁鸠鲁哲学与德谟克利特哲学的差异中，马克思把握到"原子偏斜说"的创见，澄明了伊壁鸠鲁抄袭德谟克利特原子论的误解，通过原子与原子间如何建立和谐关系的问题，初步反思了作为现实个体的人的生存样态，认为国家或城邦的本质应当是人的自由。伊壁鸠鲁提出"直线""偏斜"和"排斥"三个表征性的概念。直

---

① 叶秀山，王树人. 西方哲学史：第 2 卷［M］. 南京：江苏人民出版社，2005：899.
② 马克思恩格斯全集：第 1 卷［M］. 北京：人民出版社，1995：75.

线表征的是一种定在，偏斜表征抽象的个体性，两者构成了自我意识，排斥表征的是否定。伊壁鸠鲁将这三个概念联结在一起，以原子的偏斜运动借以说明个体通过否定性力量脱离定在。实际上，在人的抽象的、个别性的自我意识的自然形式里，原子表征的是作为个体的人的绝对自由，在必然性的直线运动中虽然丧失了个体性与独立性，但在偶然性中"偏斜的碰撞运动打破了人纯粹的欲望的力量和纯粹的自然力量，成了人与他人的社会交往关系，处在自然和历史的交汇点上的人才成为人，成为自身"①。正是这种偶然性展现了原子离开既定的直线轨道冲击、碰撞、偏斜的过程，实现了原子真正的意图——自由，在马克思的解读中，这表征着人的自我意识否定直线运动，否定脱离了限制性的定在，否定了束缚与羁绊，经历否定之否定的过程获得独立与自由。这一过程正是人们逐渐脱离宗教的束缚，借此确证人通过自我意识的自由而获得自我救赎的过程。"偏斜运动"就是人获得"自由意志"的特殊的实体，自由恰恰是通过偶然性使人获得了个体性。因此，人的共同体存在只是他获得个体性的物质承担者。马克思从伊壁鸠鲁哲学里得到了"自我意识"启示："要使作为人的人成为他自己的唯一真实的客体，他就必须在他自身中打破他的相对的定在、欲望的力量和纯粹自然的力量。"② 因此，马克思后来指出人的发展应该是一个从"必然的人"到"偶然的人"的个体性形成的历史过程。马克思通过研究伊壁鸠鲁原子论，看到了伊壁鸠鲁原子论时代局限的"思辨的缺陷"，从总

① 马克思恩格斯全集：第1卷［M］．北京：人民出版社，1995：32.
② 马克思恩格斯全集：第40卷［M］．北京：人民出版社，1982：216.

体上认识到必须走出思辨哲学，让哲学关照现实。马克思则传承了伊壁鸠鲁哲学的价值遗产，在博士论文完成之时，他宣告了自己对哲学发展的价值预设："世界的哲学化同时也就是哲学的世界化"①，以"武器的批判"代替"批判的武器"来彻底实现伊壁鸠鲁所憧憬的共同体生活的内部自由。在马克思看来，对自由的追求不仅仅是伊壁鸠鲁自我意识中的，而更应该是属于现实的人类。从思辨哲学向现实生活介入是马克思共同体思想走入现实的开端。但同时，马克思指出人类的共同体有别于动物的种群性，人类尚处于精神的动物时期的分裂状态，从而为马克思进一步从人的社会性角度揭示人的本质提供了理论生长点。

第二节　政治共同体与市民社会

　　马克思于 1842 年 4 月开始在《莱茵报》担任记者，其间主要有三件事使得青年马克思看到普鲁士国家的法在物质利益面前对待社会不同等级的差别。一则，新的书报检查令表面上开放了言论自由，却在政治问题上加固了官方色彩的核心内容。二则，当马克思看到破产农民贫困潦倒拣拾枯枝非但没有得到政府的援助反而被林木占有者督促省议会而列为盗窃林木罪，予以法律制裁，国家和法的立场已然站在掌握了舆论的权利又具有法律和整个上层建筑的国家机构的少数人手中。这使马克思产生了苦恼的疑问：是现实的物质利

---

① 马克思恩格斯全集：第 40 卷［M］. 北京：人民出版社，1982：258.

益决定了理性的法和理性的国家呢？还是反之？在《关于林木盗窃法的辩论》中，马克思痛斥这样的法律是违反人类精神的罪恶。三则，摩泽尔地区种植葡萄的农民虽然采取了机器生产，发展了酿酒业，为地区的现代化做出了巨大贡献，但是马克思发现农民本人的贫困并没有改善且与发展起来，地区富裕呈现出了反差。这三件事关物质利益的难题，促成了马克思对青年黑格尔派关于个人自由主义理想与现实差距的反思，他开始质疑现实的国家是否是代表公意的理性体现。马克思还看到，基督教问题、特权问题、局部利益问题以及由此带来的非理性因素的非正义现象。秉持着黑格尔的"理性与现实相统一"①的"理性国家"原则，马克思在主编《莱茵报》时期和其他青年黑格尔派成员一样，致力于学习以法国为代表的启蒙精神并以此建立与黑格尔思辨哲学之间的联系，他发表了四十余篇理论时事评论，批判德国专制主义。马克思已然认识到普鲁士政治国家不过是虚幻的共同体，代表了虚幻的共同利益，起不到对市民社会矛盾的协调和统一的作用，反而成了市民社会内部矛盾的激化源。私有制加固了国家这一虚幻共同体的等级代表制度，造成了国家与人民日益激化的矛盾。因此，国家理性何以代表宏大的社会群体——人民，成为马克思关注的焦点问题。

1843 年的夏秋之交，在《莱茵报》被查封之后，马克思于克罗茨纳赫期间写作《黑格尔法哲学批判》书稿，并为创办《德法年鉴》提供了两篇文章：《论犹太人问题》《〈黑格尔法哲学批判〉导言》。这一时期，马克思着重思考了一元化的共同体生活覆灭后的政

---

① 黑格尔. 法哲学原理［M］. 北京：商务印书馆，1961：11.

治国家与市民社会的分裂问题。在马克思看来，在前资本主义的市民社会和国家并没有明显的界分，政治在国家共同体的整合中起着主导的作用，因此是一种政治共同体形态。随着社会生活的私有制经济基础不断壮大，市民社会和国家开始分离，市民社会的经济发展逐步瓦解了政治的基础作用，这使得马克思发现社会生活的经济基础的决定作用，由此展开了资本主义虚假共同体中经济和政治关系问题研究。马克思看到国家应该表现为人的类本质的实现，理应是人的现实普遍性和共有的实体，却表现为"在政治国家真正形成的地方，人不仅在思想中，在意识中，而且在现实中，在生活中，都过着双重的生活——天国的生活和尘世的生活"①。因此，他重点批判了黑格尔国家理性的实质，认为国家理性绝不是市民社会的先验基础而是相反。马克思认为这种同一是虚构的。正是由于马克思看到了市民社会与政治国家的起源都是以阶级存在为前提的共性，且两者都是人类政治生活的阶段性结果而不是最终发展的目的，市民社会形成了城市文明以及资本主义政治国家最根本的物质基础，因此马克思把目光投向了市民社会研究。

《莱茵报》的工作经历使得青年马克思认识到市民社会的物质利益的难题无法在普鲁士国家和法的框架内解决。黑格尔国家理论的最高成就《法哲学》也只是基于普鲁士政府的立场寄希望于国家理性整合市民社会内部分歧，并没有实际地解决个人自由与国家的公益问题。黑格尔采取的对策是把法哲学的逻辑基础奠定在普遍性—特殊性—个体性的层面上。在黑格尔看来，市民社会中个体利益的

---

① 马克思恩格斯全集：第3卷［M］.北京：人民出版社，2002：172.

兴起，不断证明着特殊性利益本身的无节制、无尺度以及情欲扩张的恶。另一方面资源的匮乏也是没有尺度的，这就要求"整体必须保持足够的力量，使特殊性与伦理性的统一得到调和"①。马克思指出，国家的主权应当是作为多数人的主体而存在，而现代资本主义国家是维护私有财产的，不可能像黑格尔所论述的在更高的精神层面形成国家共同体的普遍意义，只能是少数人专治的工具。黑格尔希图用君主主权与人民主权相结合来回避国家与市民社会分裂的真实难题，在纯粹的观念领域里寄托现实。这是"逻辑的泛神论的神秘主义"②，一旦揭开这神秘的面纱，共同体内部实然上的分裂依旧存在，因而马克思说这是愚蠢的。马克思的对策是直接取消逻辑神秘主义，建立人民主权，反对黑格尔主张的君主立宪制度。马克思看到了人民主权和君主主权两个完全对立的主权："在君主制中是国家制度的人民；在民主制中则是人民的国家制度。"③ 马克思首先展开了两者分离的前提批判，指出市民社会里政治生活与经济生活是建立在交换价值基础上的，何以确保普遍的平等、自由呢？就此问题马克思提出："必须使国家制度的实际承担者——人民成为国家制度的原则。"④ 马克思看到市民社会的各集团赖以存在的基础是丧失财产的劳动等级，建立人民主权的方案马克思认为要通过真正的革命以建立新的国家制度。因此，马克思批判黑格尔绝对理性国家，提出"理性"不管是想象的、形式的，还是作为绝对的，国家和法

① 黑格尔. 法哲学原理 [M]. 北京：商务印书馆，1961：200 – 201.
② 马克思恩格斯全集：第 3 卷 [M]. 北京：人民出版社，人民出版社，2002：10.
③ 马克思恩格斯全集：第 3 卷 [M]. 北京：人民出版社，人民出版社，2002：39.
④ 马克思恩格斯全集：第 3 卷 [M]. 北京：人民出版社，人民出版社，2002：72.

都不可能构建在非本质规定和非实体依据的虚幻中。相反，市民社会才是政治国家的基础，现代国家的理性精神应当建立在现代市民社会的人民主权上来。马克思赞同契约论路线的自由主义国家观的进步价值，认为国家在功能上就应该是保障个体自由的共同体，而不是黑格尔作为调节个人特殊利益和全体人普遍利益的伦理性的整体。在政治共同体和市民社会的关系问题上，马克思批判了黑格尔的国家主义，纠正了目的和手段的位序关系指出："政治生活在其热情还富有朝气而且以后由于形势所迫而又走向极端的时候，就宣布自己只是一种手段，而这种手段的目的是市民社会生活。"① 国家整合的本质是统治阶级伪装成普遍利益代表的虚假共同体，"把自己的利益说成是普遍的利益"②。市民社会决定国家这一思想，为马克思后来提出经济基础对上层建筑的决定作用提供了理论雏形。

　　马克思考察法国、德国和美国的宗教情况，发现宗教信仰这一虚幻的人性在美国从国家的普遍生活转移到了市民社会的特殊生活，不仅存在而且生机勃勃。马克思于是提出宗教解放归根到底是现实的问题，以法令使人改变和放弃宗教信仰不如解决世俗关系中的经济利益问题。"把市民社会的原子彼此连接起来的不是国家，而是……利己主义的人"③ 马克思认为，启蒙运动以来的政治解放通过取缔国教和君主专制，不仅带来了普遍的政教分离，而且带来了观念上和现实生活中的双重改变：一是政治共同体中人的普遍性，私人作为公民而具有参加政治共同体或国家的公民权利的政治自由，

---

① 　马克思恩格斯全集：第 3 卷［M］. 北京：人民出版社，2002：185.
② 　马克思恩格斯选集：第 1 卷［M］. 北京：人民出版社，1995：85.
③ 　马克思恩格斯全集：第 2 卷［M］. 北京：人民出版社，1995：154.

并作为类存在物与人交往，追求人的社会性；二是在市民社会中作为私人而具有私有财产权利、信仰自由的权利的人的特殊性。宗教由共同体的公共事务变成了私人的事情，人并没有在政治解放阶段摆脱宗教。市民社会造成人的生活分裂的事实，一方面是私人，即追求自己的私有财产、行业自由和宗教信仰的私利个人，把别人当作自己的工具，也把自己降低为工具；另一方面在公共生活中不再以国教为国家生活的原则，而应当配享信仰、私有财产、行业的自由。这两个方面构成了启蒙运动以来最为基本的政治解放后果：现代国家的建立一方面确立了市民社会的建立，同时也造成了两者的分离，进而产生了公民与私人的分立。所以，政治解放使人民摆脱了一切宗教在政治共同体里的主宰地位，而宗教信仰转移到市民社会的私域里，成为市民社会的精神依托，在本质上不再承担共同体的精神纽带。因此，通过宗教信仰的方式形成的精神共同体无法解决阶级社会中人的自由和解放问题。马克思提出"在人被看作是类存在物的地方，人是想象的主权中虚构的成员"[①]，就是说政治共同体生活中的人以公民的身份与市民社会的生活中不同的宗教信仰、私人利益发生冲突，作为"类存在物"的政治共同体的联结纽带仅仅是市民社会的私人利益而不是普遍利益，且两者的冲突直接使真实的共同体失去了存在的现实根据。马克思以黑格尔之矛攻其之盾，颠倒了政治国家和市民社会的逻辑关系。他写道："正如同不是宗教创造人，而是人创造宗教一样，不是国家制度创造人民，而是人民

---

① 马克思恩格斯文集：第1卷［M］. 北京：人民出版社，2009：31.

创造国家制度。"① 在马克思看来，通过暴力的方式形成的政治国家共同体，其中个体与共同体性普遍的统一并不能通过外部的、暴力的方式来实现，这种统一必须是建立在市民社会内部基础上的。虽然政治解放是人类发展的重大的历史进步，但是只停留于此还是不够的。

第三节　政治解放与人类解放

马克思看到，进入 19 世纪 40 年代之后的西方资本主义社会是一个人的生存面异化的社会。面对这样一个个体本位的时代，马克思认为，哲学的"迫切任务"是揭露并消除人在非神圣形象中的异化。一方面，马克思并没有停留在政治解放的进步领域里，他区分了两种领域里的"解放"，其一是从封建专制压迫下资产阶级革命实现的政治解放，马克思洞察到异化的国家制度即旧社会也即封建主义社会里组成国家现实的"一切等级、同业公会、行帮和特权，因为这些是人民同自己的共同体相分离的众多表现"②，遗留了"市民社会"的解放问题；其二是彻底的无产阶级革命所要实现的人类解放。马克思此时已经关注到了亚当·斯密关于市场秩序对国家秩序的作用。亚当·斯密认为通过市场价值规律的调节作用可以对私利自由进行自发规范，形成对社会公益问题的自发安排。黑格尔不赞

---

① 马克思恩格斯全集：第 3 卷［M］. 北京：人民出版社，2002：40.
② 马克思恩格斯全集：第 3 卷［M］. 北京：人民出版社，2002：187.

成市场的这种"自发安排"，他始终强调国家的"理性安排"是私利自由与社会公益的最高层面调节。马克思则认为，政治解放的限度完成不了人类解放的真正任务，市民社会在经济领域中的要求就是要使国家实现和维护个人的私有财产权利和信仰自由的权利，然而所谓的自由、平等权利却只是流于形式。应该突破政治解放的框架针对市民社会本身的自我分裂和矛盾进行批判，鉴于此马克思着手开始政治经济学研究。马克思观察到，以资本为基础的"个人自由"竞争是资本主义国家倡导的现代国家发展必然，国家权力的整合促进了市场经济的发展。对此，马克思认为，对市民社会物质关系的分析要以政治经济学的方式展开，这就意味着马克思并不是要以一种单纯的实证方法研究资本而是对资本主义展开政治经济学批判。马克思认为如果自由竞争的市场主体能够肆意地以个体利益最大化为目的，特殊利益的私利驱动力带动了"恶"的因素践踏了他者的私有财产权利，理性国家和理性的法并没有克服这种市民社会内部私利的对立与冲突，而是确立了市民社会的利己主义原则，也就否认了政治国家的理性合法性。"自由竞争不过是个别资本的自由运动，在这个运动中，自由的并不是个人，而是资本。"① 因此，马克思认为资本主义国家的唯心主义与市民社会的唯物主义的完成是同步的。如果继续停留在政治解放的框架里，由所谓理性国家对市民社会进行调节和限制，而市民社会内部经济基础和阶级本质就决定了国家共同体只能是处于一种消极的地位，根本上不能解决资本主义国家共同体内部实然上的分裂。

---

① 马克思恩格斯全集：第46卷（下）[M]. 北京：人民出版社，1979：159.

　　在《论犹太人问题》一文中，马克思在政治解放的框架里研究了市民社会中公民和个体的权利问题。马克思首先区分了公民参与政治生活的"公民权"（Droits du citoyen）与市民社会成员的"人权"（Droits de l'homme）。马克思把重点放在了政治共同体所要保护的人权上，并依据 1789 年法国的《人权和公民权宣言》，按照普遍意义把每一个作为市民社会成员的基本"人权"列为：平等、自由、安全、财产。首先马克思以"自由"为核心权利，提出自由这一基本人权并不是建立在人与人之间联合的基础上，而是特指个体自由的消极意义上权利。比如信仰自由、财产私有等的权利，并认为这是构成市民社会的基础保障。然而，马克思强调一旦自由呈现出消极意义个体自由，每个人都被彼此的利益关系连接起来而不是政治生活，不是国家。利己主义的个人与国家的分离关系就落实了，何谈平等、安全、财产权利的普遍意义？"人作为社会存在物所处的领域被降到人作为单个人所处的领域之下"①，马克思借助对人权的核心理念"自由"的分析，指出私人权利对于政治共同体的对抗力只能说明任何一种所谓的人权代表的都不是共同体本身而是切断了共同体纽带的个体权利。可以说，马克思切中了自由主义人权说的要害，反驳了黑格尔国家理性的伦理价值观，他使用了"异化"概念描述社会，指出了共同体整体人权价值失落的根源：金钱拜物教所导致的人的世界和人与自然关系的全面异化。据此，马克思突破政治解放的局限性，认为："只有当现实的个人把抽象的公民复归于自身，并且作为个人，在自己的经验生活、自己的个体劳动、自己的

---

　　① 马克思恩格斯全集：第 3 卷［M］. 北京：人民出版社，2002：185.

个体关系中间，成为类存在物的时候，只有当人认识到自身'固有的力量'是社会力量，并把这种力量组织起来因而不再把社会力量以政治力量的形式同自身分离的时候，只有到了那个时候，人的解放才能完成。"① 马克思直接指出建立真正共同体是实现人类解放的必要条件：其一，当现实的人以类存在物的整体实现国家与市民社会分裂的克服；其二，现实的个人自觉到这种整体的社会力量并建立类主体的思维方式摆脱狭隘的利己主义。马克思继续从宗教、文化层面深入市民社会观察人的本质在现实当中总是被异化的事实，批判了资本主义虚假共同体中的政治异化（市民社会在国家和法的层面上形式上的平等，实际上的不平等）现象。他说："所谓的人权，不同于公民权的人权，无非是市民社会的成员的权利，就是说，无非是利己的人的权利、同其他人并同共同体分离开来的人的权利。"② 人受到"异己力量"从共同体中被迫剥离，并没有像康德期望的那样成为目的而是沦为手段。市民社会中原子式的个人成了利己主义的抽象个体，貌似获得了政治解放领域中的普遍性，而失去了共同体真正的普遍性。这就是政治解放后的虚幻共同体，其中属人的共同体分裂了，人自身的关系也分裂为少数人统治，多数人受难。鉴此，实现人类解放就是由一个被彻底的锁链束缚的阶级即无产阶级，从市民社会内部发动彻底的、肩负起触动统治阶级大厦支柱的革命，回归人的共同体的过程。在《〈黑格尔法哲学批判〉导言》中马克思宣布："人是人的最高本质"③，自此开始，用作衡量

---

① 马克思恩格斯全集：第3卷［M］. 北京：人民出版社，2002：189.
② 马克思恩格斯全集：第3卷［M］. 北京：人民出版社，2002：182－183.
③ 马克思恩格斯文集：第1卷［M］. 北京：人民出版社，2009：18.

现实的尺度不再是精神和理念，马克思对资本主义虚假共同体批判的立足点转向人学向度。但是，此时马克思并没有考察物质生产与国家发展的直接联系，也没有从私有财产关系中进一步追溯出市民社会决定国家人的阶级关系。马克思后来在《〈政治经济学批判〉序言》中反思这一原因时指出："我的研究得出这样一个结果：……，而对市民社会的解剖应该到政治经济学中去寻找。"① 因而，资本主义国家共同体无法解答令马克思苦恼的法与物质利益的关系难题，为此马克思研究并批判黑格尔法哲学并得出"国家虚幻共同体"中市民社会决定国家和法的结论，为解答虚幻共同体内部市民社会和国家分裂的问题，马克思开始研究政治经济学，得出了在"资本主义虚假共同体"中意识形态反映的是不同的阶级立场的结论。然而，问题的提出和解答只是初步生成了共同体问题的逻辑链条。确切地说，马克思这一时期的共同体思想展现了对国家和市民社会的双重批判，但是尚未进一步深入到政治经济学的研究中，却又蕴含了超越政治解放和启蒙视阈的共同体发展的思想。

---

① 马克思恩格斯选集：第 2 卷 [M]. 北京：人民出版社，2012：2.

第三章

马克思共同体思想的确立

　　1843 年 10 月到 1845 年 1 月马克思寓居巴黎，写作了"巴黎手稿"，包括《1844 年经济学哲学手稿》的"三个笔记本"（下文简称《手稿》）和《詹姆斯·穆勒〈政治经济学原理〉一书摘要》。自此，马克思展开了对资本主义政治经济学的研究和批判。这一阶段马克思从青年黑格尔派的自我意识哲学转向政治经济学的研究范式；从民主主义转向共产主义立场；从追溯国家和法的合法性转向以"异化劳动"（die entfremdete Ardeit）为核心的理论和私有财产运动规律研究，由此确立了马克思共同体思想形成与发展的运思理路。在《手稿》中，马克思依托劳动异化理论，批判了资本作为普遍的资本家的共同体，明确阐释了"人道的共产主义共同体"思想。1845 年马克思进一步在《德意志意识形态》中区辩了"虚幻的共同体"与"真正的共同体"，之后，在《哲学的贫困》《共产党宣言》《经济学手稿（1957—1958 年）》《资本论》等著述中，马克思把其共同体思想从理论推动到现实，以"真正共同体"的实现作为其共同体思想的核心追求，全面剖解了资本主义私有制局限性即社会的公共性和私人占有的矛盾；扬弃资本主义虚假共同体的一系列主张，其共同体思想的基本样态和实现路径更加丰满和成熟。

第一节 人道的共产主义共同体

在《1844年经济学哲学手稿》中，根据资本主义虚假共同体的本质特征——私人占有、异化现象，马克思提出了"人道主义共产主义共同体"思想，作为人类社会共同体的最高发展阶段。马克思考察到作为社会进步的主体和承担者的劳动者不仅没有共享社会进步的成果，反而受到异化劳动所带来的四重规定。由此，马克思揭示了市民社会内部私有财产和劳动异化的总根源——资本与劳动的对抗关系，并力图用人道主义哲学分析资本主义经济关系和经济范畴，以揭开资本主义虚假共同体的面纱。这是马克思第一次从外部的经济关系来说明资本主义社会以及人的本质，并开辟了人与人之间的社会关系、社会交往研究的崭新视角。海德格尔认为马克思在体会到作为表述历史、理解历史的一个重要概念"异化"时已经"深入到历史本质性的维度中去了"[1]。在《手稿》中，马克思说"共产主义是最近将来的必然的形式和有效的原则，但是，共产主义并不是人类发展的目标，并不是人类社会的形态"[2]。马克思本然地把共产主义指向共同体建构"形态"和"原则"。从"令人苦恼的

---

① 海德格尔. 海德格尔选集：上卷［M］. 上海：三联书店，1996：383.
② 马克思恩格斯文集：第1卷［M］. 北京：人民出版社，2009：197.

疑问"的探索到寻求"历史之谜的解答",马克思共同体思想始终关切的是人在共同体中的生存与发展问题,而不是萨特所指责的用历史来确定人的"人学空场"。但此时马克思用以论证共产主义共同体的思想还没有完备的唯物史观基础,其共同体思想尚处于形成时期。

一、异化劳动与虚幻共同体

在《手稿》笔记本Ⅰ中,马克思通过考察现实的人的生存境遇,看到工资、利润和地租三种收入随着社会总体财富的改变发生了复杂的变化,表现为资本家对土地所有者和工人全面占有的胜利。社会逐渐被分化为有产者和无产者两大阶级,这一过程不仅使工人在劳动中异化了,连同资本家本人也异化了。马克思揭示出标榜开明的国民经济学以劳动为主导的原理出现了二律背反。原因在于作为国民经济学前提的"劳动"实质上是"异化劳动"[1],表现为资本主义条件下的阶级对立性质所特有的四重异化劳动所规定的对立,即:劳动者和劳动产品、劳动者与劳动过程、劳动者与人的类本质、劳动者与资本家(劳动与资本对立的人格化)。由四重异化逻辑分析的层层递进,马克思推导出"人的异化,一般地说,人对自身的任何关系,只有通过人对他人的关系才能得到实现和表现"[2]。因此,异化劳动生成了异化关系的实际。马克思从主体与主体的异化关系角

---

① 马克思把哲学领域中的"异化"术语和经济学研究的问题"劳动"有机结合,用以说明并批判资本主义条件下劳动的消极后果,在哲学与经济学交叉的语境里独创性地阐发了劳动者的生存状态。
② 马克思恩格斯文集:第1卷[M].北京:人民出版社,2009:164.

度看到，异己的工人与其敌对的力量资本家之间的现实关系。这种异化了的关系，恰好直观地折射出了人的痛苦、疏离、不自由、不安和愤怒等，而人应有的特性（"自由自觉的活动恰恰就是人的类的特性"①），则被彻底否定了。在非异化的主体状态下，自由自觉的劳动是生活的乐趣，是人自由生命的表现。而在异化的主体状态下，自由劳动被异化劳动置换为不自由的、盲目的甚至动物式的人类活动。马克思指出，亚当·斯密之后的国民经济学使"人本身被设定为私有财产的规定"②，因而排斥了人。而这恰好映现了国民经济学假以劳动为原则，表面上承认了人的本质，实则以"异化劳动"为前提，使私有财产成为主体对人进行了彻底的否定。就是说，国民经济学为之辩护的资本家通过对私有财产的占有拥有了劳动的支配权利，从而把人的类生活从人与自然的统一中异化出去；把人的有意识的生命活动异化出去；把整个真正的人类共同体社会纳入资本主义虚假共同体。马克思从劳动的发展来说明被国民经济学当作合理的私有财产本身潜含了劳动和资本的对立，正像异化劳动于人的本质而言不是本源和永恒的，而是畸形的和片面的。

《手稿》中专辟"私有财产与共产主义"一节，马克思以分工与私有财产间的辩证关系为参照坐标，揭示了私有财产运行的异化劳动后果。马克思指出了一个劳动异化的逻辑，即随着剩余产品转归私人形成私有财产的资本积累，而劳动异化正是在这一过程中发生的。马克思列举了一个生动的过程："私有财产的运动——生产和

---

① 马克思恩格斯文集：第1卷［M］．北京：人民出版社，2009：162.
② 马克思恩格斯文集：第1卷［M］．北京：人民出版社，2009：179.

消费——是迄今为止全部生产的运动的感性展现，就是说，是人的实现或人的现实。"① 马克思认识到资本积累就是劳动的积淀，从劳动人的类本质出发，并层层剥茧揭示了异化劳动的四个层面的内容与结果，将异化劳动形成的条件归结为私有财产运动。鉴此，必须从私有财产具有劳动本质的事实来看待人应有的本质以及劳动应有的本质：自由自觉的活动，被异化了的事实。私有财产运动展现了人的自我异化和劳动成果的积淀。马克思并没有对私有财产进行简单排斥，而是指出了私有财产对于增加社会财富的积极意义。而另一方面，马克思也指出了对私有财产积极、彻底地扬弃的历史必要性。社会分工使原始共同体解体，失去了生产和占有的共同性，使私有制成为占优势的社会法则。社会分工的历史带来了奴隶主与奴隶、工场主与工人的利益分化以及私人利益与统治集团利益、私人利益之间的矛盾。这种"不一致"产生出了国家虚幻共同体的形式，并成为阶级压迫的工具。所以，马克思认为资本主义国家的虚幻共同体代表的是异化的社会权利，资本家追求的是产品的交换价值而不是使用价值，这种制度的起源要追溯到分工和私有制，而正是这个原因使国家共同体发生了历史性的分裂。资产阶级的阶级属性决定了其本身蕴含着某种欺骗性，尽管资产阶级试图表明，其统治的国家共同体是为全社会的成员服务的。同样地，马克思也指出了资产阶级经济学家学说的某种虚假性，如果按照国民经济学家的意见，工人的利益与社会的利益怎么会是一致的呢？显而易见，马克思从

---

① 马克思恩格斯文集：第 1 卷 [M]．北京：人民出版社，2009：186.

"当前的国民经济的事实出发"①,提出劳动四重异化的规定,建立在私有制基础上的商品经济具备了普遍本质。马克思强烈抨击了国民经济学物与物的关系下掩盖着的人与人的关系,同时又强调了工业的发展对一切异化的积极扬弃,指出从根本上扬弃私有制的实质是创造共同的财产和享有共同的财产的真正共同体范畴的逻辑。实际上,马克思已经潜在地以辩证唯物主义历史哲学视界为人类的共同体生活指明了三个发展阶段:实行公有制的非劳动异化阶段、实行私有制且劳动异化的阶段以及扬弃劳动的被动性和异化性的共产主义自由劳动阶段。

二、人的本质与共同体社会

在《手稿》笔记本 II 中,马克思揭示出"粗陋的共产主义""民主和专制的共产主义"和"人道主义共产主义"三种不同形式的社会形态(共同体)的本质差别。其一,粗陋的共产主义提出废除私有财产,建立"完全平等"的"国民公社"。马克思批判这"救世的理想"共同体中的私有财产关系没有被消灭,每一个人是私有财产的所有者,因而,私有财产关系普遍化只不过是粗陋的平均主义变体。他说:"对私有财产的最初的积极的扬弃,即粗陋的共产主义,不过是想把自己设定为积极的共同体的私有财产卑鄙性的一种表现形式"②,而其所谓的废除私有财产,不过是大搞平均主义的单纯性倒退。其二,"民主和专制的共产主义"因为还没有区别政治

---

① 马克思恩格斯文集:第1卷 [M]. 北京:人民出版社,2009:156.
② 马克思恩格斯文集:第1卷 [M]. 北京:人民出版社,2009:185.

解放和人类解放，故不能理解私有财产和异化劳动的关系。马克思指出，这种共产主义意识到了私有制的原罪与人的异化的生存境遇息息相关，并且把扬弃私有制视为己任。但是它不可能做到废除私有财产，因而人仍处于政治经济的双重异化影响之下。在马克思看来，这两种形式的共产主义都不理解私有财产的本质。不论是对私有财产需要的粗陋化、平均化还是工具化，都是丧失共同体属人本质的表现，反映的是人作为能劳动的肉体机能的存在，但不是人的本质存在。其三，"人道主义共产主义"即共产主义共同体既能真正消除私有财产的消极意义，也能从私有财产的运动中领悟其积极意义。马克思强调这种共产主义代表着人类社会的未来，能够扬弃私有财产及其相应的社会关系，从而成为人类社会共同体的最高阶段，是因为其所代表的公共性将超越资本主义虚假共同体的片面性的问题。在此阶段，人道是人回归人的自身，全面占有自己本质，消除异化的关系，从而在自由人联合的社会共同体中展现、沟通、共享属于主体间的幸福感觉以及类的特性，而没有利己主义的性质。正如马克思所说："共产主义是私有财产即人的自我异化的积极扬弃……这种共产主义，作为完成了的自然主义等于人道主义，而作为完成了的人道主义等于自然主义，它是人和自然界之间、人和人之间的矛盾的真正解决，是存在和本质、对象化和自我确证、自由和必然、个体和类之间的斗争的真正解决。"① 马克思视界里的共产主义不是粗陋的、平均主义的、空想的，他以异化劳动和私有财产关系的关键环节为抓手，首次将人道主义与人类解放结合起来，揭示

---

① 马克思恩格斯文集：第1卷 [M]．北京：人民出版社，2009：185.

资本和劳动的本质联系，探索消灭私有制和异化劳动的途径以保留人类全部丰富发展的成果，实现真正的人道主义即共产主义。

马克思在《手稿》笔记本Ⅲ中使用"社会"概念以指称人类的"共同体社会"。他说："社会是人同自然界完成了的、本质的统一，是自然界的真正复活，是人的实现了的自然主义和自然界实现了的人本主义。"① 马克思提出了社会性质的普遍性在于人的生产实际交往所产生的社会的活动和社会的享受，并认为只有在社会中自然界才是人与人之间共同体的纽带。继之，马克思又提出了人在从事科学活动时，即便很少与人交往也是社会的。所以，马克思认为人的普遍意识是现实的共同体纽带，"应当避免重新把'社会'当作抽象的东西同个体对立起来"②。在马克思的社会发展观中，人类社会是联结人与自然、人与人的关系现实的中介，断离这一中介，人就会沦为动物式的存在。共同体与社会的差别在于"只不过前者的集结方式是直接的，而后者则要通过某种中介物"③，马克思立足历史的真正发源地市民社会，考察共同体问题的历史发展，指出代替本原共同体的市民社会是被异化的共同体，私人在市民社会内部的等级和社会地位是不平等的。马克思在《手稿》中摒弃了市民社会这个概念的使用，以社会形态而代之，旨在把每一个特殊的个体的自由及其在共同体中的交往关系纳入现实的社会生活，把政治解放领域中的积极成果归属于社会形态演进，使人以社会存在物的方式展

---

① 马克思恩格斯文集：第1卷 [M]. 北京：人民出版社，2009：187.
② 马克思恩格斯文集：第1卷 [M]. 北京：人民出版社，2009：188.
③ 望月清司. 马克思历史理论的研究 [M]. 韩立新，译. 北京：北京师范大学出版社，2009：218.

望人类解放的中介条件。美国纽约大学马克思主义学者诺曼·莱文教授认为马克思在《手稿》所说的"社会"异于他理论成熟后的社会，是一种基于人性的先验规定，体现了人与人相互需要由分工和交换关系联结的社会存在体，类似于费尔巴哈的"类存在"。在《手稿》中马克思从哲学上论证了理想社会的应然状态，他主张把主体认定为合理社会关系中联合起来的个体，现实的自然界即作为人化自然的客体，而把人的自由劳动作为这两者统一起来的中介，主体与客体通过这一中介相互扬弃而一体化，人的本质在人化的自然界得以展现。马克思正是在对这一理想社会的科学把握中，在异化劳动及其扬弃的辩证法框架下展开以消除资本主义虚假共同体的异化形式，即资本主义社会。

马克思看到，资本带来了以利己主义为核心的个体意识，1844年夏秋之交，在《詹姆斯·穆勒〈政治经济学原理〉一书摘要》中，马克思提出人的本质体现在人的社会联系中，商业社会使得每个共同体成员都会在交往实践中出现物质利益同人的本性相矛盾，异己的、同他对立的力量，表现为人的个体性与社会性的矛盾冲突所导致的交往异化现象。在1844年秋，马克思恩格斯写作《神圣家族》，进一步发挥了交往异化的观点，批判了私有制使得有产阶级和无产阶级都发生了违反人性的自我异化。有产阶级感到被确证而产生幸福感，而无产阶级在非人道的生存现实中感到自己是被消灭。《手稿》中马克思用"工业"历史来论述人的本质力量在自然界与劳动实践双向作用中的生成，旨在重新确立和恢复人与自然界应有的关系，以超越物质对象获得全新的人类主体地位。马克思发现私有制社会长期得不到解决的"历史之谜"的症结在于人与自然界、人与人之间关系的实然对立，具体表现为被异化劳动异化了的人的本质，现实世界里虚幻的自由，私人与公民的对抗。所以，在追问自然界的形成过程这一元问题时，马克思回答道："对社会主义的人来说，整个所谓世界历史不外是人通过人的劳动而诞生的过程，是自然界对人来说的生成过程。"① 也就是说，人在劳动中，改造无机界，借此将自己与动物区别开来；创造对象世界，不断生产自身使自然界由"自在"转变为"为我存在"向人的生成。于是马克思解答了一个理想状态下的人的本质所应该具备的条件，即"自由劳动"和"需要"的实现，并把泯灭这种本质和条件喻指为异化的过程。马克思从这两方面的人的本质出发，把自由的有意识的实践活动视为全部人的总体活动的共同体联结纽带，使人自成一类区别于动物的类存在物。马克思标志了这一人的本质，第一次使用"个体与共同存在物"作为一对范畴来阐释与共产主义相联系的人的存在与人的关系。马克思在《手稿》中认识到资本的物化逻辑对人类权力所产生的巨大作用，发现了私有财产对人的统治的秘密在于资本家使自由的劳动"以异化的形式呈现在我们面前"②。当人的本质发生了异化，人不就降低到动物了吗？正是在探讨异化的起源时，马克思提出了"人的发展的本质"。马克思认为，人的发展的本质就是指在满足基本生命需求基础上产生的为人获得积极的自我意识创造着条件的现实的生活。粗陋共产主义者就是不了解人的这一发展的需要

---

① 马克思恩格斯文集：第 1 卷 ［M］. 北京：人民出版社，2009：196.
② 马克思. 1844 年经济学哲学手稿 ［M］. 人民出版社，2004：89.

本性，整个人类的实践活动从来不满足于独善其身，而是要发展到兼济天下，所以，人类要作为实践主体在对象化活动中"真正解决"人与人、人与社会、人与自然的矛盾，从而消除异化，向人自身回归，使人以一种全面的方式占有自己的本质的同时，扬弃私有财产，消除异化劳动，建立共同体的本质。所以，马克思说共产主义是完成这一过程的运动。

第二节　"新唯物主义"视野中的共同体

1845—1846 年间，马克思在写作《关于费尔巴哈的提纲》和《德意志意识形态》期间确立了唯物主义历史观，这一历史观乃是理解共同体发展的世界观原则，体现了马克思理解个体与共同体辩证关系的巨大创新。马克思在《德意志意识形态》中针对施蒂纳所描绘的人生图景，提出"全部人类历史的第一个前提无疑是有生命的个人的存在"[1]，指出正是由于创造历史的"现实的个人"是两种活动（生命活动、生活活动）、两种属性（自然属性和社会属性）的辩证统一，人的感性的活动实践成为唯物史观的总原则。个体与其共同体所表征的矛盾，在不同历史时期会呈现出不同样态，从而不同时代的人们就会形成不同的社会关系。马克思认为形式上的共同体是调节市民社会中众多个体利益间的矛盾冲突的"虚假"联结，个体与共同体的整合必然是历史的辩证综合，"它的前提是人，但不

---

①　马克思恩格斯文集：第 1 卷 [M]. 北京：人民出版社，2009：519.

是处于某种虚幻的离群索居的和固定不变状态中的人，而是处于现实的可以通过经验观察到的、在一定条件下进行的发展过程中的人"①。也因此，个体和共同体关系的问题是马克思思考唯物史观的一个重要范畴及核心线索。当马克思通过对费尔巴哈哲学的批判而进入这一问题域时，他实际上把实践观看作两者矛盾最终得以解决的中介了。因此，不能离开人的实践活动去抽象地谈论共同体中人的交往、人的关系，而是应该将人的交往和人的关系理解为在具体的现实共同体中进行交互建构的过程。

一、实践的观点与虚幻的共同体批判

实践的观点是马克思运用唯物史观理解共同体思想并将之贯彻到自然、历史和人际交往等一切领域首要的基本观点。马克思在《德意志意识形态》中首次提出"实践的唯物主义"即历史唯物主义，并在这一哲学发现的基础上更加深刻地揭示了个体与共同体二元对立的现实，他指出"从前的一切唯物主义（包括费尔巴哈的唯物主义）的主要缺点是：对对象、现实、感性，只是从客体的或者直观的形式去理解，而不是把它们当作感性的人的活动，当作实践去理解，不是从主体方面去理解"②。实际上，可以解读为人的共同体本质的实践维度，必然要与费尔巴哈的人的类本质思想相区别。马克思在《关于费尔巴哈的提纲》中首次从人的感性活动出发，理解人的共同体本质。继之，在《德意志意识形态》中，马克思以

① 马克思恩格斯文集：第 1 卷 [M]. 北京：人民出版社，2009：518.
② 马克思恩格斯文集：第 1 卷 [M]. 北京：人民出版社，2009：499.

"现实的人"为前提,从生产实践的角度,提出了"原初的历史的关系的四个因素"①,即物质生活的生产和再生产、人的自身生产及其社会关系生产,所形成了不同的生活经纬线,揭示出每个个体的先天差异性,造成了不可能生而平等的社会地位,而这些各不相同的个体本质,既反映了人与人之间阶级的差别,又是对现实的个人具体的历史分工的定位。马克思列举了分工这种活动方式所造成的三对矛盾:物质活动和精神活动、享受与劳动、生产与消费。

马克思通过实践的观点把社会关系的性质理解为人的生存方式所固有的本性。因此,他从资本主义虚假共同体中抽象出这样的矛盾,即个人或者家庭的单个利益与所有人的共同利益之间的矛盾、社会整合与个体自由之间的矛盾,并由此看到了人们在现实的生活过程中的发展程度,不决定于意识,而决定于人的社会存在。社会存在主要是指社会的物质生活条件,包括人化的自然、人口繁衍因素和物质资料的生产实践,以及政治、法律制度、文化传统等的创制。统治阶级利用虚幻的国家共同体意识把自身的特殊利益说成是普遍利益,掩盖了真实的社会存在。马克思揭示了国家的阶级实质,指出国家内部的一切矛盾的博弈结果不管是将采取民主政体、贵族政体还是君主政体都是"虚幻的共同体形式"。马克思将其共同体思想在实践关系的界面上与费尔巴哈的类思想进行了严格的区分。他指出:"人的本质不是单个人所固有的抽象物,在其现实性上,它是一切社会关系的总和。"②"交往""社会关系"在这样的虚假共同体

---

① 马克思恩格斯文集:第1卷[M].北京:人民出版社,2009:533.
② 马克思恩格斯文集:第1卷[M].北京:人民出版社,2009:501.

中主要指的就是异化了的生产关系实质，在很大程度上是因为个体间的交往受整个阶级社会的制约，主要是生存条件、阶级地位的制约。在阶级社会中，个体的发展隶属于阶级，个体间的等级、地位差别决定了利益的对立，统治阶级的利益的实现以牺牲工人阶级的利益为前提，市民社会反映的是以资产阶级为主体的现实要求。马克思一方面揭穿了资本虚假共同体所标榜的人权宣言，另一方面也意识到人类恰恰又是在资本主义发生和发展的时代创造了未来自由人联合体的历史使命和物质条件。人的本质可以通过真正的共同体建构实践来实现，即在财产关系上，主张消灭私有制的共产主义运动，实现自由人的联合；在新的劳动和占有的基础上，使人类的劳动实践发生质的飞跃，转化为人的第一需要，从而把片面化发展的、利己的市民社会中的人推向美好生活的彼岸，拯救出全面发展的、自由的真实共同体中的人，到那时市民社会与国家共同体的矛盾和冲突必将消融在以"人类社会或社会的人类"① 为主体的共同体社会中。

马克思从实践的观点出发，认识到资本主义虚假共同体不是一种终极的实体。在《经济学手稿（1957—1958 年）》中，他反对统治阶级以意识形态（Bewusstseinsformen）的方式探讨国家共同体的发展，认为虚假的意识形态本身的抽象性与资本主义国家的"抽象统治"不可避免地保持了同一性。当社会生产力的发展达到了形成特殊的私人利益的水平时，普遍的公共利益就突兀地与之形成了截然的对立形势，这样，就出现了代表"私人利益"的市民社会与代

---

① 马克思恩格斯文集：第1卷［M］．北京：人民出版社，2009：502.

表"普遍利益"的国家之间的分裂，国家与个人的相互关系被迫以虚假的共同性展现出来，共同体最终异化成为压迫人的异己力量，而又无法解决"真正的共同利益和虚幻的共同利益相对抗"① 的实际情况，矛盾的激化最终将导致不堪忍受的反社会力量凝聚成人类的大多数，即是无产者，同时形成的和资产者对立的革命运动。马克思明确指出资产者和无产者的对立是"以生产力的巨大增长和高度发展为前提的"②。在《资本论》中马克思提出："资本不是物，而是一定的、社会的、属于一定社会形态的生产关系，它体现在一个物上，并赋予这个物以特有的社会性质。"这一判断切中了资本使共同体中人与人的关系采取了一种物化的形式，以致与在资本主义生产关系的条件下人与人的关系表现为物与物的关系的物役性。由此一来，资本不仅异化了人与自然的生命共同体关系，而且异化了共同体交往的公平正义性。资本具有支配一切的绝对权利，并以阶级分化和阶级利益为前提形成了资本主义政治国家共同体的根本规定、存在形式和整合原则的基本建制。经由具体劳动与抽象劳动的矛盾分析，马克思用劳动的二重性理论理解共同体的真实意蕴。人类共同体建构的一个突出特征在于，发展形式的片面性，即私人劳动与社会劳动的矛盾一方面是共同体的普遍性"退步"的表征，而另一方面则是实现自身的物质积累的"进步"必然。基于《资本论》第一卷马克思的矛盾分析法，商品的使用价值是商品的自然属性，指能够使用的商品的"个性"，体现了人与物之间的生产关系；

---

① 马克思恩格斯文集：第 1 卷 ［M］．北京：人民出版社，2009：537.
② 马克思恩格斯文集：第 1 卷 ［M］．北京：人民出版社，2009：538.

商品的价值是商品的社会属性，指能够交换的商品的"共性"，体现人按照自己的需要甚至是欲望进行生产的生产关系。人与自然的交互关系展现了劳动过程中有用性财富的创造过程，一方面反映的是商品的使用价值；另一方面，生产的普遍性物质内容则展现了商品的价值和价值增值。资本生产是劳动过程服从了价值增值，价值增值统摄了劳动过程，两者对立统一。可以进一步推导出这一资本逻辑内含了"社会性"与"私人性"的矛盾。劳动协作、科技进步、生产集中等在资本逻辑的飞速运行中，不断证明着"物的增值"的合理性的同时却体现了资本增值带来的富裕和贫困两极分化的必然规律。马克思指出了社会化的生产与资本主义私人占有、社会化与资本垄断发生对抗性矛盾的不可调节性。因此，马克思关于资本主义虚假共同体的批判从"人"与"物"两个重要的逻辑层面布展开来，而关于真正共同体建构的逻辑亦然。一则，恢复人类主体在生产劳动实践中的能动性和主导地位。正视资本主义国家所标榜的共同体社会没有体现生产的社会性，人的共同体社会被完全"异化"了的市民社会现实遮蔽了。尤为重要的是，马克思在《哲学的贫困》中进一步把生产关系的矛盾运动进行了系统的阐发，认为应当从辩证的、动态的、历史性的思维中把握到生产关系、交往形式以及共同体发展的实质。资本主义虚假共同体的物化逻辑与真正的共同体的发展逻辑的不同之处在于人类的自由实现程度，并在此基础上理解个体与共同体的关系。二则，马克思明确地划定了共同体发展进程中实际起作用的人类实践限度，点明任何时代的共同体都应该以其实践前提为考察依据。马克思强调生产方式内部矛盾的一致或冲突决定着共同体发展的根本命运。若在真正共同体赖以发生、存在的物质条件在旧的资本主义虚假共同体的胎胞里还没有成熟前，试图以革命的方式强行改变，而无视资本主义虚假共同体所能容纳的生产力发展空间，这种革命不管在主观上如何想要超脱各种束缚共同体发展的关系，必定会沦为马克思所说的唐·吉诃德式的荒唐行为。一言以蔽之，实践是人的本源性的生存方式，决定了人不是超历史、超阶级的抽象存在。人在资本主义虚假共同体中所创造的现实的生活世界绝不是一成不变的永恒实体。无论是共同体的兴亡、国家的更替还是社会革命的爆发，其共同的发生前提都是物质资料生产实践的质变。正是生产方式内部的生产力与生产关系的矛盾变化从根本上导引着变与不变的辩证唯物主义的发展视阈。

二、世界历史思想与资本主义虚假共同体扬弃

马克思做出人类历史向世界历史转变的判断是基于人与社会的发展互为前提和基础的逻辑分析出的。他指出："各民族的原始封闭状态由于日益完善的生产方式、交往以及因交往而自然形成的不同民族之间的分工消灭得越是彻底，历史也就越是成为世界历史。"①在生产力水平相对比较低下的时候，人们囿于生存桎梏，只在一定的地域、以血缘共同体为基本单位从事劳动。因而人的交往就受制于这一时期的共同体局限，然而，资本主义的发展使生产力发生了前所未有的巨大增长。随着开放性的世界市场形成，资本主义进入19 世纪 40 年代，马克思敏锐地发现交往的扩大意味着旧的交往形式

---

① 　马克思恩格斯文集：第 1 卷［M］. 北京：人民出版社，2009：540 – 541.

不断被新的交往形式所替代。工业革命为生产力的发展提供了新的动力，大机器工业、交通运输业、商业等的现代化使全世界各国的交往更加便捷和频繁。马克思看到了世界历史对于生产力发展的积极作用。他指出："只有当交往成为世界交往并且以大工业为基础的时候，只有当一切民族都卷入竞争斗争的时候，保持已创造出来的生产力才有了保障。"① 在《共产党宣言》中，马克思恩格斯进一步拓展了世界历史思想，指出了世界文化的形成趋势："各民族的精神产品成了公共的财产。民族的片面性和局限性日益成为不可能，于是由许多民族的和地方的文学形成了一种世界的文学。"② 世界历史不仅意味着世界性的物质生产和消费以及商品的输出、流通和交换，还意味着各民族文化的交流与交往。马克思前见地指出了："资产阶级，由于一切生产工具的迅速改进，由于交通的极其便利，把一切民族甚至最野蛮的民族都卷到文明中来了。"③ 马克思从文明发展的机制出发，考察了资本流动带来的所谓资产阶级世界文明，从一国范围的发展到世界普遍范围，资产阶级使"发展"处于躁进的变动秩序，试图"按照自己的面貌为自己创造一个世界"④。这种文化与文明的扩张的单向度，加上资产阶级对生产方式和全部社会关系的垄断，在原材料占有、生产、贸易、消费各方面对弱势民族巧取豪夺，导致南北矛盾日益尖锐，也使工人阶级日益失去财产权、人身自由权，资本权力体系在自身资本运行的疯狂逻辑中形成资本生产

---

① 马克思恩格斯文集：第1卷［M］．北京：人民出版社，2009：560.
② 共产党宣言［M］．北京：人民出版社，2018：31.
③ 共产党宣言［M］．北京：人民出版社，2018：31.
④ 共产党宣言［M］．北京：人民出版社，2018：32.

的世界体系，进而激发世界范围的阶级斗争。从而资本、文化以世界市场为载体，超越了一切宗教、政治、民族和语言的界限造就了"物的世界的增值同人的世界的贬值成正比"①，突出表现为生产过剩、两极分化、经济危机等资本主义虚假共同体的危机。

马克思判断，资本主义生产方式打破了地域局限性和民族共同体狭隘性，资本家不断地扩大再生产，不断地打破生产、消费、分配和交换发展的平衡，不可避免地要建立全球性的普遍联系与交往，从而按照资本家自己的愿望建立了同世界上其他国家的交往。在《德意志意识形态》中，马克思恩格斯勾勒了"城乡分离→行会制度的建立→商人作为一个特殊阶层的出现→工场手工业的产生→人口跨国度的迁徙和'流浪'→'商业和工场手工业集中于一个国家的现象'→大工业的发展与垄断等各个环节次第过渡的历史向'世界历史'的转变'的实际进程"②。马克思用世界历史的理论揭示了"一些人统治，一些人受难"的征服与被征服的民族关系。人在这种关系里没有个性，是"单面的人"；国家在这种关系里没有普遍性，是"虚幻的共同体"。资产阶级开创的世界历史的过程，造就了承载个体命运的地域共同体的内涵和外延在全人类中延展，资本越出了国家共同体的疆域，市民社会与国家的矛盾不再囿于民族国家的范围，而是向外延展表现为民族国家与人类世界的矛盾。交往异化体现了物的世界与人的世界的双重异化，即是同一过程的两个方面，并产生出资本的无限扩张力量。一方面要突破国家共同体的限制，

---

① 马克思恩格斯文集：第 1 卷［M］. 北京：人民出版社，2009：156.
② 聂锦芳. 批判与建构：《德意志意识形态》文本学研究［M］. 北京：人民出版社，2011：471.

使整个地球作为资本的市场；另一方面"它又力求用时间去消灭空间，就是说把商品从一个地方转移到另一个地方所花费的时间缩减到最低限度"①，这种基于逐利思想的交往实践和狭隘民族主义破坏了人类整体上的人道主义，使社会关系从民族国家间的地域性关联截然分裂，从不确定的时间无限穿越地域而被重构。这一现象被当代社会学家安东尼·吉登斯概括为现代性的后果——脱域（Disenbeding）。"脱域"实际上在马克思身处的早期资本主义时代已经形成，即被个人主义或利己主义分割了的共同体。在《论犹太人问题》中，马克思意识到犹太人的问题实际上是反映了资产阶级市民社会所主导的价值观，犹太人被摒弃于现代文明观念之外，不得不承受资本主义国家在转向"现代文明"的过程中以其作为低俗的犹太人的典型特征来反对的挡箭牌，而社会主义者及共同体主义者的马克思是强烈反对的。因为马克思从来没有把利己主义或自由资本主义定位为犹太人的专属问题。他清醒地看到正是资本主义商品拜物教的本质，才使得整个市民社会与国家的分裂日益明确。马克思依据生产方式的历史变迁，辩证地分析了这一世界历史的趋势之"恶"。马克思立足于"社会化的人类"② 的现实物质条件，从对生产力与生产关系的发展逻辑分析出发，探讨人类分合之现象，关注人类社会的不同时期、物质实践的不同状态对共同体的构建和分化的影响；以打破资本主义私有财产制度的桎梏为突破点，要求把全世界无产者联合起来通过革命把政治解放向前推进到人类解放；且从整个哲学

---

① 马克思恩格斯全集：第 30 卷［M］．北京：人民出版社，1995：538.
② 马克思恩格斯文集：第 1 卷［M］．北京：人民出版社，2009：506.

的思维范式上确立起新的实践思维，逐步扬弃利己主义为核心的民族国家的个体本位，建立超越"虚幻的共同体"，实现"自由人的联合体"共同体发展理路。

马克思指出了人类共同体演进的历史根本机制在于生产方式所引起的社会结构的发展，通过对东西方社会发展的比较研究，特别是前资本主义的亚细亚形式的、古代形式的、日耳曼形式的三种共同体形式的研究，发现这一时期共同体是自然形成的以人的依赖性为特点，但是，三者的区别在于个体和共同体结合的程度。没有私有的亚细亚共同体是结合最为紧密的实体，人只不过是其中的附属物。然而，亚细亚共同体的发展是最为缓慢的，这说明共同体发展的本质实质上是生产力与生产关系的创新发展，是人的主体性、独立性的发展，而所有制的变革无疑起到了共同体解体和发展的催化作用。随着生产力的发展和交往的增多，旧的交往形式势必引发新的生产力变革。人类实践突破国与国的疆界发展到世界历史阶段，"个人"存在的平台和社会空间也随之不断地扩大，而这就表现为从"个人"到"联合起来的个人"，从突破民族和地域共同体的界限到世界历史意义上的共同体建构。马克思的这一理论发展逻辑，在其身后两百年的历史发展中已然被人类的各种共同体建构的分分合合所印证，如欧洲共同体、非洲发展共同体等。这也成为很多马克思主义研究者着力建构的理论渊源。哈贝马斯认为人类社会可以在达成共同体建构规范共识的基础上进行自觉的无限交往主体自律的行动。他提出了"无限交往共同体"思想，旨在以其主体间性理论来克服世界的异化，制定新的共同体规范。广松涉认为，马克思从

《1844年经济学手稿》到《德意志意识形态》的理论发展有一个从劳动异化逻辑到物像化逻辑的转变，由此提出了"关系主义"的本体论学说。这两位研究马克思主义的国外学者都从共同体的交往维度阐发了马克思关于"真正的人类共同体"思想的历史主体问题、现实的人在历史中的地位和状况以及不同时代交往所引起的社会组织结构的发展和变化。但是，两位学者的交往理论都没能超越马克思关于生产力决定交往形式的理论视野。最主要的原因在于马克思站在宏大叙事的历史维度，强调了人道主义立场上的主体建构的重要性，比起单独个体的主体拥有更多的伦理内涵、更广的民族包容和更大整体力量。由人类主体性开始，经过民族国家的主体间性、人类共同利益联结的互主体性或交互主体性，进而达到真正的共同体意义上主体性，形成世界历史性质的发展趋向。

　　人类创造的生产力通过与其相适应的交往形式形成了社会生产力，广泛的交往为保存和发展生产力提供了代代相传的历史契机，马克思把这种交往形式与个人的活动称为生产关系。马克思认为人的实践活动的交往中社会性是共同体的先天基础。共同体的社会关系彰显了生产关系，而生产关系作为生产力的体现形式，又与人的物质资料生产活动密切相连接，因此，考察共同体的真实性质首先要考察的前提是最基本的实践活动——生产活动。由于资本的推动所导致的资本主义特有的生产方式矛盾运动，引起的系统内部的生产力的质变，社会关系的异化归根到底体现的是"虚假的共同体"发展逻辑的必然。所以，世界历史是共产主义事业的开始阶段，决不能把"自由人联合体"理解为狭隘、孤立的地域性存在，"共产主义只有作为占统治地位的各民族'一下子'同时发生的行动，才可能是经验的，而这是以生产力的普遍发展和与此相联系的世界交往为前提的"①。共同体内部的交往关系与社会关系本意也大抵相通，但严格区分可以发现，共同体交往关系体现的是社会关系的现象，而社会关系是共同体交往关系的真实本质，只有在资本主义虚假共同体阶段经过一系列的发展实践，达到革命条件成熟的程度，才可以形成真正的合理的社会关系变革。所以，在《德意志意识形态》中，马克思提出社会化大生产终会开创世界历史，并以此为质点使人类命运因为这种物化的被动联结截然分离为各个民族资产阶级因私利而联合抑或分化的离合变局与全世界无产者走向联合的态势。与此同时，马克思恩格斯立足人类社会以新的实践观，考察到资本主义生产方式尤为显著的特征是资本和技术的"合谋"，这一过程伴随着不断更新的产业并以此催化带来了生产力的极大发展。人的劳动看似轻松了却日益成为流水线上的机器，工人被机械化生产和抽象化资本更进一步剥夺了自由，利润是唯一目的，工人只是达成此目的的手段。于是在资本的扶植下，生产成为相对剩余价值的生产，现代技术迫使产业工人日益失业沦为彻底的无产者，产业工人失业了，资本家彻底完成了对整个社会的全面统治。"整个社会日益分裂为两大敌对的阵营，分裂为两大相互对立的阶级：资产阶级与无产阶级。"② 资产者和无产者截然对立了，国家和市民社会分离了，资本家雇佣工人的自由权力不仅成为禁锢蓝领工人的枷锁，而

---

① 马克思恩格斯文集：第 1 卷 ［M］. 北京：人民出版社，2009：538 - 539.
② 共产党宣言 ［M］. 北京：人民出版社，2018：28.

且由于各行各业的劳动者没有生产资料控制权也成为雇佣劳动的受压迫者。马克思恩格斯不仅提出了经过国家"虚幻的共同体"发展向度逐步达到"自由人的联合体"位阶的世界历史思想；而且，马克思恩格斯预见了"无产阶级只有在世界历史意义上才能存在"①。即是说，资本主义虽然开创了世界历史但其锻造的对立阶级无产阶级终将为扬弃这一世界历史进程中的私有制、阶级对立、异化劳动等创造条件。"世界公民"马克思注重德、法、英、美等当时资本主义国家的对比研究，指出了资本主义国家战胜中世纪专制主义国家建立起现代的国家并没有改变阶级压迫的实质。他们所重视的自然权利传统只是希望把人从封建等级压迫中拯救出来，而人的现实生活中的异化生存状态和人的阶级关系深深地拘囿了人的共同体本质。

在《共产党宣言》中马克思恩格斯关注到资产阶级现代国家的统治权力对于劳动自由这一最基本权利的干预。诚如德国社会学家马克斯·韦伯对"权利"的理解："权力意味着在一定社会关系里哪怕是遇到反对也能贯彻自己意志的任何机会，不管这种机会是建立在什么基础之上。"② 资本来到人间，人的权利被物的权利所压制，资本克服民族、国家、宗教等的权利疆界，流动—增殖螺旋式的周而复始打破了外界强加的一切束缚；克服自然力的限制，随心所欲地改变着世界，在资本面前封建残余势力变得羸弱不堪，"资产阶级，由于一切生产工具的迅速改进，由于交通的极其便利，把一

---

① 马克思恩格斯文集：第1卷［M］. 北京：人民出版社，2009：539.
② 马克思韦伯. 经济与社会：上卷［M］. 林荣远，译. 北京：商务印书馆，1997：81.

切民族甚至最野蛮的民族都卷到文明中来了"①。资本流动带来了所谓资产阶级的自由和文明亦在全球各地奔走，加上资本主义的生产方式和全部社会关系的改变实际上已经成为阶级垄断的权力。其结果是不合理的国际规则制定权、经济政治旧秩序维持权以及经济、科技实力主导垄断权等在原材料占有、生产、贸易、消费各方面对弱势民族巧取豪夺，导致南北矛盾日益尖锐，也使工人阶级日益失去财产权、人身自由权。资本权力体系在自身资本运行的疯狂逻辑中形成资本生产的世界体系，进而激发世界范围的阶级斗争，从而成了自己的掘墓人，开启向新生产方式过渡的世界历史的洪流而最终成为历史旧的篇章。"自由人联合体"的发展前提是建立在世界历史阶段取得的历史成就的基础上，也只有在这一基础上才能够存在并最终得以实现。马克思的这一思想给了世界体系理论的主要创始人沃勒斯坦很大的启示。沃勒斯坦提出世界体系观点，认为资本积累开启了世界体系的分化，形成了"中心——半外围——外围"的国际体系。这个体系首先是由各主权国家组成且有利于资本主义生产方式的世界经济体构成。"中心"国家以强凌弱制定不公平国际秩序的国际体系，"半外围"国家或可发展至"中心"，反过来"中心"国家也可以退步至"外围"。沃勒斯坦被现代西方学界评价为充满马克思主义色彩的新马克思主义理论家，正是因为他观察到了身处世界体系中的人类命运在马克思推论的世界历史阶段上的巨变，以及在马克思共同体思想指导下的社会主义大国——中国，必将在人类命运与共的全球化时代发挥马克思共同体思想在建构意义上的

---

① 共产党宣言［M］. 北京：人民出版社，2018：31.

应有的作为。他指出："占人类四分之一的中国人民，将会在决定人类共同命运（的历史进程）中起重大的作用。"① 可见，世界历史时代的到来归功于资本主义生产方式带来的国家间交往的世界化和普遍化。然而，资本逐利的扩张本性，必然把各民族国家共同体卷入资本逻辑的大潮中，不论是发达国家还是发展中国家都将纳入世界历史的进程，也都将面临弱者恒弱、强者恒强的资本逻辑安排。按照马克思共同体思想对世界历史发展客观规律的认识，资本全球化的进程同时也蕴含了人类解放的进程，资本主义大工业带来的普遍交往和物质积累开创的超越狭隘民族国家的地域历史，为无产阶级的革命提供了普遍联合、交往的机遇，构成了无产阶级联合的力量。

三、扬弃旧式分工与自由人联合体

马克思的共同体思想贯穿于其历史唯物主义研究的始终，而历史唯物主义则要求运用阶级分析的眼光来考察一切社会现象。在阶级社会中，共同体的形式是与人们的交往和联合方式的阶级状况以及其所处时代生产力和分工发展水平紧密联系在一起的，由此决定了共同体内部占有和分配的基本形式，居于主导地位的统治阶级以虚幻的共同体形式代表了国家或政治共同体。在《德意志意识形态》中，马克思恩格斯认为："正是由于私人利益和共同利益之间的这种矛盾，共同利益才采取国家这种与实际的单个利益和全体利益相脱离的独立形式，同时采取虚幻的共同体的形式"②，这种虚幻的共同

---

① 沃勒斯坦. 现代世界体系：第 1 卷［M］. 北京：高等教育出版社，1998：2.
② 马克思恩格斯选集：第 1 卷［M］. 北京：人民出版社，2012：164.

体形式以阶级关系为外在表现，而阶级的关系体现的正是分工的现实。一方面，社会分工的发展和私有制的产生是以血缘关系为联结纽带的原始共同体质变为以农业公社和城市公社为联结纽带的地域共同体的原因。资本扬弃了货币出现后短暂的生产力分散、交换分散、个体分散现象，以分工合作的劳动结合在一起成为集体力量和社会力量。资本控制了劳动，以抽象共同体的形式统治了人，属人的独立性与个性却是属于资本的而不是人的，人成了物的依赖条件下受物役性支配却显得表面独立的个体。另一方面，马克思认为分工促进了共同体内部私有制的发展，是普遍利益与特殊利益矛盾的直接原因。现代分工有别于传统的性别分工，私人的特殊利益使得人与人之间的相互交往形成了忽视普遍利益的局面，因此导致了城乡对立。城市里表现为黑格尔所说的市民社会中人与人之间由于物质利益所导致的非人性的狼性状态，农村则表现为分散于隔绝，资本家的普遍利益以外化的国家力量，着力统摄私人之间的利益冲突，却进一步引起了工业和商业的分离。但事实情况却是资本主义国家虽然标榜代表普遍利益的公共性质，但实质上却是资产阶级镇压工人阶级的机器，使人受制于强加之于自己的虚假观念的统治。随着商人和工场手工业主的逐利驱动地域共同体的疆界不断向世界市场扩张。在唯物史观的视角下，马克思将分工界定为推动人类社会历史进程的社会力量，并从这种人们不再能够驾驭的力量出发，展开了扬弃虚幻的共同利益与异化现实的理论探索。同时，阐发了分工与生产方式、分工与所有制双重关系对于实现未来"自由人联合体"愿景的至关重要的世界历史条件。

首先，旧式分工与资本主义生产方式。马克思的唯物史观形成时期，正是以工业和商业为基础的劳动分工活跃时期。马克思指出，正是由于资本主义社会的生产不是直接的社会生产，不是基于正义的共同体分工的产物，社会生产所创造的共同财富并不属于每个个体，所以社会的分化越来越具有多样性和复杂性。显然，不断扩大的劳动分工和社会分化一方面是社会走向分裂、对抗、冲突的原因，另一方面，分工的发展又使每个人在生产和消费等方面相互依赖，起到了社会纽带的作用。因此，生产力和分工的双向互促，使人们创造出了以往所有世代不可比拟的生产方式，促进了分工的步步发展；反过来社会分工导致阶级产生人的共同体生活被剥夺了，整个社会的整合愈发困难重重。所以，马克思恩格斯在《德意志意识形态》中认为："'市民社会'这一用语是在18世纪产生的，当时的财产关系已经摆脱了古典古代的中世纪的共同体。"① 可见，在马克思看来，旧式的分工就是指被生产力发展最终扬弃的分工，存在于非自愿分工的特殊范围内，在旧式分工的条件下人的自由本质受到了阻碍，使生产力成为一种异己的压迫力量，而又只有通过这种强制力造成生产力的巨大发展才能消灭旧式分工，复归人的真正共同体内部自愿的分工。马克思揭示了私有制和社会分工导致具体劳动分化为千差万别的个别劳动，造成了人类劳动力的巨大耗费。分工使得千差万别的个别劳动转化为社会形式可以计量的一般劳动，使商品交换得以进行。在劳动力成为商品的前提下，个别劳动汇集为整体的社会劳动，价值关系采取了物与物的虚幻形式，资本主义带

---

① 马克思恩格斯文集：第1卷［M］．北京：人民出版社，2009：582.

来的全面异化导致人的主体地位失落。分工使人的劳动和交往失去了和谐的关系，而共同体内部阶级的分化使之失去了聚合力量，使整个资本主义社会沦为事实上分裂的社会，也导致了人的片面化发展。由此可见，马克思揭示了人的实践活动的异化、社会关系的物化所导致的共同体普遍性的虚假化。民族内部的分工引起了工业、商业与农业劳动的一步步分离以及城乡分离和脑力劳动与体力劳动的对立。不论是民族国家内部的分工还是民族国家间的分工，都展现了交往关系的阶级分化实质。"虚幻共同体"内部的分工所形成的阶级关系，使得这种共同体结构处于阶级斗争此消彼长的动态变化中，统治阶级为了守护其特殊利益对被统治阶级进行压制和干涉，从而使人民始终承受着阶级斗争的矛盾束缚。值得肯定的是商品生产为消灭私有制奠定了人类文明的必要基础，突破地域、生产力等的局限性束缚，提供了以生产力的普遍占有为标志的自愿分工的现实条件，使人类创造的物质财富归属、共享于真正共同体中的个人。资产阶级榨取雇佣的劳动剩余价值的行为不断激化着资本横暴的社会分化力量，最终将导致资本垄断之下的生产方式演变为资本主义虚假共同体这个外壳不能容纳的社会发展力量，"这个外壳就要炸毁了"①，资本主义虚假共同体的狭隘性再也不能伪装为博大的普遍性代表而灭亡。

其次，分工与所有制的关系。在《德意志意识形态》中，马克思恩格斯通过对四种所有制形式（部落所有制、古代公社所有制和国家所有制、封建的或等级的所有制）的分析，阐明了所有制发展

---

① 马克思恩格斯全集：第44卷［M］．北京：人民出版社，2001：874.

历经了从不发达的分工到相对发达的分工的历史更迭。分工的变化和发展过程同时也就是共同体历史演进的过程。马克思认为扬弃资本主义虚假共同体的实质意味着扬弃私有制条件下的分工。因为在马克思看来,"分工和私有制是相等的表达方式,对同一件事情,一个是就活动而言,另一个是就活动的产品而言"①。推广的机器和分工不断激发了资本家逐利的欲望,生产的自发性和盲目性亦随之受到鼓励,带来了旨在赚取剩余价值的交换、竞争和社会关系。工人在被迫接受分工赋予的角色后,作为人本质的社会关系被片面化、固定化、狭隘化,失去了社会关系在总和意义上的丰富性,从而造成了"精神活动和物质活动、享受和劳动、生产和消费由不同的个人来分担"② 的现实,进一步固化了旧式分工不合理的分配制度和私有观念。马克思根据分工和共同体的辩证发展关系,进一步从唯物史观层面分析商品拜物教和货币拜物教产生和被克服的秘密即在于在未来"自由人联合体"的社会形态中,人类整体生产力的全部潜能得以释放终将克服个人劳动和社会劳动相分离的现象、必要劳动和剩余劳动被混淆的现象,从而造就扬弃旧式分工的条件。因此,分工的完善是生产力发展水平的体现,旧式分工符合资本增值的需求,却是异化劳动的规定,分工的扬弃、异化劳动的消除、所有制关系的变革也是一个自然的历史过程。

最后,马克思不仅从逻辑层面科学地看待个体与共同体、具体劳动与抽象劳动、私人劳动与社会劳动的分离现象,而且还从历史

---

① 马克思恩格斯文集:第1卷 [M]. 北京:人民出版社,2009:536.
② 德意志意识形态:节选本 [M]. 北京:人民出版社,2003:27.

层面，用批判与建构相统一的唯物主义辩证法，指出了共同体发展与旧式分工必然消亡的深刻因由。马克思从"资本是一个活生生的矛盾"①中，洞悉资本扩张必将宰制社会关系的现实，其狭隘性与社会发展的全面性相矛盾，"现实的个人"囿于分工的束缚，沦为资本主义虚假共同体内部孤立的被压迫阶级，只能把物与物的关系的虚幻形式解读为服从分工之后的等价交换原则。在《哲学的贫困》中，马克思就指出分工这一历史范畴与生产的集中、劳动者的集聚等市场的经济现象直接关联，劳动者的自由正是在所谓的自由市场中丢失的。然而，资本主义条件下生产力和交往的普遍发展趋势预示了虚幻的共同体逐步走向解体的历史命运。所以，马克思才会以巨大的理论勇气提出要在资本主义时代所创造的一切成就的基础上，实现社会的共同占有，使个人融入"人类社会或社会化的人类"。他说"在协作和对土地及靠劳动本身生产的生产资料的共同占有的基础上，重新建立个人所有制"②。扬弃了的私有财产和旧式分工，成为个体价值得以实现的前提。并以"自由人联合体"中的个人，在人的对象性活动的历史运动中完成超越利己主义的历史进步，人才能成为历史主体。

人类社会三次大的分工，皆因生产能力的提升导致日益复杂的共同体兴衰。马克思强调共同体发展的历史体现了消灭作为异化劳动和阶级压迫力量的旧式分工的扬弃历程，从唯物史观考察分工的发展历史，以商品经济发展为中介的经济整合和法制建构是现代资

---

①　马克思恩格斯全集：第30卷［M］. 北京：人民出版社，1995：405.

②　马克思恩格斯全集：第44卷［M］. 北京：人民出版社，2001：874.

本主义虚假共同体走出传统共同体而迈向人的独立性、个体化的发展路径，无论是社会内部的分工（社会分工）还是生产部门的分工（技术性分工），都促进了各行各业的发展。然而，在马克思看来分工的本质意义应当体现为两种分工并行不悖的共同发展，在"自由人联合体"的价值取向中，分工意味着人的全面自由发展的外在表现。一则，分工是实现世界历史的前提条件。马克思指出了"两个普遍"的世界历史前提条件（生产力的普遍发展、交往的普遍建立）；二则，要以每个人的自由面发展为最高目标，建立共同体发展的最高形式"自由人联合体"。因此，尽管在资本主义虚假共同体中人们摆脱了人的依赖性关系，但在这种阶级对抗下的分工却使得人们创造的全部的社会生产力转化成盲目性的、以物的依赖性为特征的异己力量，使"无产者的劳动失去了任何独立的性质"①，工人接受社会分工就意味着片面发展技术分工甚至被剥夺了这种发展的可能性。马克思恩格斯在《德意志意识形态》中对分工展开了最彻底的"前提批判"，即资本主义制度下的分工批判。他们指出在资本主义虚假共同体中个人为了生存必须屈从于分工，此时共同体反而成了一种压制性的力量，使脑力劳动和体力劳动、私人利益和共同利益、劳动和占有分离，从而使私有制和分工不可避免地成为一体两面的原因和结果。共同体本应有的人的力量和关系异化为物的力量和关系，个人屈从于虚假共同体中的等级、阶级。马克思恩格斯指出，只有为分工提供在自由人间联合的共同体基础，这"需要有一定的社会物质基础或一系列物质生存条件，而这些条件本身又是长

---

① 共产党宣言［M］．北京：人民出版社，2018：34．

期的、痛苦的发展史的自然产物"①，才能消灭奴役性的异化分工，建立自愿自觉的劳动分工。而"自由人联合体"建立之时，实际上就是异化的分工的结束之时。

概而言之，马克思新唯物主义视野中的共同体思想展示出一条受到物质生产支配的共同体发展之径。马克思不论是从实践的观点出发对资本主义虚假共同体进行暂时性的理解，为历史向世界历史转变为共同体建构提供契机的科学预测，还是他对东方社会和古代共同体的探索，都广泛涉及劳动、分工、生产力、所有制、人类交往、生产关系等人类共同体建构的发展规律。新的唯物史观使马克思共同体思想体现出不为美好意愿、主观精神所引导的鲜明历史唯物主义立场。据此，共同体思想史上一条新的解释个体和共同体关系、人在共同体发展中的主体性问题、共同体与人的自由等关涉共同体的思想被确立下来了。

---

① 马克思. 资本论：第1卷［M］. 北京：人民出版社，2004：97.

第四章

马克思共同体思想的主要内涵与本质特征

　　"共同体"（Gemeinwesen）在哲学发展史上是一个十分重大的论域，有着丰富的内涵和外延。随着人类社会的发展，共同体的格局不断得到了延展，诸如村社、行会、教区、采邑等的小共同体发展到阶级社会的国家、民族共同体乃至全球的各种以政治、经济、文化等为链接纽带的共同体模式。德国的社会学家斐迪南·滕尼斯在《共同体与社会——纯粹社会学的基本概念》中将共同体区分为血缘共同体（植物生活式）、地域共同体（动物生活式）和精神共同体（心灵生活式）三大类，并将这一思想归功于受到了马克思的启发，他认为："只有这位资本主义生产方式的发现者能够使这种思想变得清楚而深刻。"① 按照马克思共同体思想发展的内在逻辑，共同体的发展在不同历史阶段呈现出不同的概念表述，分别使用了"前资本主义共同体""等级共同体""国家虚幻共同体""货币抽象共同体""资本主义虚假共同体""真正共同体"等概念。从前资本

---

　　① 斐迪南·滕尼斯. 共同体与社会——纯粹社会学的基本概念［M］. 林荣远，译. 北京：商务印书馆，1999：16.

116

主义共同体、资本主义虚假共同体再到真正的共同体，共同体的发展实际上经过了三个阶段："人的依赖关系（起初完全是自然发生的）……以物的依赖性为基础的人的独立性……建立在个人全面发展和他们共同的社会生产能力成为他们的社会财富这一基础上的自由个性。"① 与此相对应依次是偶然的人、抽象的人、必然的人，个体与共同体的关系相应地从相互依存，劳动自由；再到相互对立，劳动异化；最后到相互成就，劳动解放。马克思的共同体概念的生成逻辑在根本上与人类社会的劳动实践发展史相一致。通过对《马克思恩格斯全集》的三百余处"共同体"文字的研读，可以看到不断更新的"共同体"概念，贯穿了马克思研究社会发展历史形态的全过程。在《德意志意识形态》中"共同体"一词高频出现，在马克思晚年的古代社会史笔记中也详细地阐释了古代共同体的概念和特征，两者首尾呼应贯穿了马克思学术研究的始终。马克思共同体概念的发展理路与其 19 世纪 40 年代开创的思想变革历程是一致的，概念本身的嬗变必然包含着对私有制条件下的资本主义虚假共同体的批判以及个体人的生存与发展的历史分析与展望，蕴含着实存与本质、个体与整体、现实与未来的张力结构。从三个历史时期马克思关于不同的"共同体"概念发展的嬗变看，马克思共同体仅就字面意义而言，共同体具有集体、联盟、团体等的"联合体"（Assozi-ation）之意②。这正体现了马克思关于概念解读方法，他说："它们不能被限定在僵硬的定义中，而是要在它们的历史或逻辑的形成过

---

① 马克思恩格斯全集：第 46 卷［M］.北京：人民出版社，1979：104.

② 该词是德语，与英语 Association 等同，意指协会，联合。

程中来加以阐明。"① 鉴此，对于马克思共同体思想理论内涵的解析可以依据不同历史条件下马克思关于"共同体"概念的嬗变、发展的目标任务和价值诉求的结构要素，考察马克思共同体思想的时代问题，要根据不同历史时代条件下人们在实践活动中结成的关系、生产力以及社会公共性实现的程度等总体发展水平管窥马克思共同体思想的理论内涵以及本质特征。

第一节　从概念的嬗变审视马克思共同体思想的理论内涵

从马克思思想发展的内在逻辑看，马克思实际上是在社会形态变迁的涵义上把握和使用"共同体"概念的。在其晚年，他曾借助地质学术语"原生形态""次生形态""再生形态"描述人类社会，并将其分为早期原生形态的原始社会，基此派生出来奴隶社会、封建社会、资本主义社会的次生形态。这一划分，使马克思深化了关于以所有制为基础阐释共同体的见解，提出了原生形态社会是以公有制为基础，而私有制是次生社会的文明标志，再次生的社会形态又在更高的层面上回归了公有制。这一深刻的思想为理解马克思共同体思想的理论内涵提供了一个规范性的视野，即从"共同体"概念嬗变与所有制变化的逻辑：公有制→私有制→公有制，探究前资本主义共同体发展到资本主义虚假共同体再到自由人联合体，以所

---

① 马克思. 资本论：第2版，第3卷［M］. 北京：人民出版社，2004：17.

有制形式演变为规范基础的核心范式、理论特征以及相应的问题意识。马克思分析"共同体"的内涵是从共同体的自发形成到自觉建构的演进过程，以具体概念的嬗变为规范基础的。他指出："奴隶制、农奴制等总是派生的形式，而绝不是原始的形式，尽管它们是以共同体和共同体中的劳动为基础的那种所有制的必然的合乎逻辑的结果"①，公共土地的分解以及农民私有财产的产生是原始形式共同体解体的原因。农业公社间的交往不仅打破了原有家庭为基础的共同体联结，而且进一步造就了新的更大的共同体及其交往实践。马克思充分考虑到了这种逻辑中主体性在共同体中的现实问题，明确地以"发展"的价值判断赋予共同体研究开放性的视野，认为割断"共同体"牢固而狭窄的血缘、地域联结纽带的是人类共同体文明从原始公社到农业公社的社会发展，其中蕴涵着共同体解体和发展的逻辑。

一、"人的依赖"为基础的前资本主义共同体

越往前追溯历史，人作为自然存在物的特性就越表现对自然形成的共同体的依赖。马克思在《资本主义以前诸形态》（1857 年）、《1857—1858 年经济学手稿》中，详细论述了前资本主义时代所形成的原始社会、奴隶社会、封建社会的共同体样态，并分析了土地所有制是"前资本主义共同体"形成的基础，阐释了这一阶段共同体的兴衰取决于生产力、分工和共同体内部交往的发展程度。按照马克思在《1857—1858 年经济学手稿》中提出的三大社会形态的理

---

① 马克思恩格斯全集：第 30 卷 [M]．北京：人民出版社，1995：489.

论的看法，前资本主义制度所包含的亚细亚所有制、古代所有制、日耳曼所有制的共同体，处于第一个社会形态：以"人的依赖关系"为特征。也就是说，在这一阶段，"人的依赖关系（起初完全是自然发生的），是最初的社会形式，在这种形式下，人的生产能力只是在狭小的范围内和孤立的地点上发展着"①。前资本主义共同体具有原初性质的人的依赖性因而也缺乏个体的主体性，是人类共同体实践的早期形态。

第一种，产生于奴隶社会之前，被马克思称之为原始的共同体或者自然形成的共同体。此阶段的主要代表是亚细亚所有制共同体，"自然形成的部落共同体，或者也可以说群体——血缘、语言、习惯等的共同体"②。主要是基于自然而自发地形成的社会组织，而建基于共同占有基础之上的社会就是共同体社会的第一个前提，表现为以人的依赖为基础的人类占有和共享，逐步实现了以通婚扩大部落的共同体联合。基此，在《德意志意识形态》中，马克思提出了部落共同体概念。此时，人类尚处于从动物界刚刚提升出来的阶段，几乎没有私有制和私人意识（包括个人的权利、财产、主体意识等），公有制程度较高，所有制的形式是部落所有制。马克思从其内部的分工指出家庭共同体的出现是分工的早期证明，那时的所有制里妻子和儿女是丈夫支配的劳动力。游牧民族在迁徙过程中的让渡交换，畜牧、狩猎和农耕等早期人类活动形成了共同体之间的交往，其赖以生存与发展的共同体前提是土地的自然所有。马克思指出这

① 马克思恩格斯文集：第8卷［M］.北京：人民出版社，2009：52.
② 马克思恩格斯全集：第30卷［M］.北京：人民出版社，1995：466.

种自然形成的共同体的最大特点是："这种劳动的目的不是为了创造价值——虽然他们也可能造成剩余劳动，以便为自己换取他人的产品，即（其他个人的）剩余产品，——相反，他们劳动的目的是为了保存各个所有者及其家庭以及整个共同体的生存。"① 公社拥有土地占有权，人们通过对自然的土地的开发、占有获得了劳动工具、劳动原料和劳动成果，拥有土地使用权。但是，土地虽然不属于个人和公社，却属于君主或皇帝。离开共同体个人就不能生存。马克思认为这一点体现了人对人的依赖的自然狭隘性。1848 年，马克思恩格斯曾在《共产党宣言》中断言："至今一切社会的历史都是阶级斗争的历史"，但是恩格斯于 40 年后在其后补充注解："这是指文字记载的全部历史"②，因为马克思在《经济学手稿（1857—1858）》以及《〈政治经济学批判〉序言》中，根据人类学家大量的历史考察研究，认识到在中国、印度等亚细亚生产方式不存在土地私有制的共同体，即是说，人类历史存在着一个没有阶级斗争的公有制为基础的共同体时代。这个时代并不存在阶级斗争，劳动协作的方式体现了原始共同体与其中的个体互生互利的双重利益，无功利的交往。马克思指出"事实上，印度为我们提供了这种经济共同体的各种各样形式的典型，……经过更仔细的研究历史，又发现这种共同体是一切文明民族的起点"③。马克思通过摩尔根的人类学研究成果对这种原始共产主义公社所有制的共同体给予了至高评价，是因为在人性的展露方面，自然形成的共同体起到了文明开化的作用。但

---

① 马克思恩格斯全集：第 46 卷［M］. 北京：人民出版社，1979：471.
② 共产党宣言［M］. 北京：人民出版社，2018：27.
③ 马克思恩格斯全集：第 31 卷［M］. 北京：人民出版社，1998：294.

是，在亚细亚共同体中，没有土地私有制的所有制形式，对土地的经营或以家庭自给自足的方式，或以公社共同劳动的形式，而城市公社则是军事共同体，也是自给自足的经济。因此，共同生产、共同分配使共同体成员间的关系结成了平等的基础，社会结构的稳定性也意味着共同体的牢固性。从历史发展的视阈审视，这样的共同体缺乏私有制经济带来的自主性和灵活性，个体完全受制于共同体的限制，由此马克思认为私有制的发展既是原始的、封建的共同体解体的原因，同时又是资本主义共同体发展的原因。

第二种，以古希腊、古罗马为代表的古代公社所有制和古代奴隶制的共同体，马克思将其统一概括为军事共同体。在物资富饶而又疆域狭小的地带，相对于公有制，私有制产生了，以私有财产与公社和国家的财产共存为特点。这就决定了这一时期所建立的共同体必然是小国寡民的共同体，不可避免地按军事方式组织起来。生产力极度低下的状况下土地就成为战争的发起目标，为了保护土地，公社成了人们对抗外界的联合和安全的保障的军事共同体，在这种共同体中，所有制表现为双重形式，即国家所有和私人所有。"以群的联合力量和集体行动来弥补个体自卫能力的不足"①。后来的古希腊罗马的奴隶制城邦共同体就是由这种军事共同体发展而来，征服联合或以契约的形式建立了城市。马克思写道："当罗马城建筑起来而其周围的土地被罗马公民耕种之后，共同体的条件便和以前不同了，所有这些共同体的目的就是把形成共同体的个人作为所有者加

---

① 马克思恩格斯全集：第30卷［M］.北京：人民出版社，1995：25.

以保存"①，因此古希腊时代的城邦共同体属于防御型共同体。通过亚里士多德、斯多葛学派等先贤倡导，产生了旨在培育并维护本城邦公民政治德行，以普遍的正义原则为目的的共同体价值。当这种城邦共同体价值原则不能确保人的联合的时候，旧的社会秩序便会崩溃。西塞罗希图依靠自然理性制定法，以法律战胜德行的联结力量，却也终究不能维持共同体联结。庞大的罗马帝国，不断地向外扩张，发动战争，共同体纷纷解体。然而，战争频仍加速了古代公社共同体的解体和古代奴隶制共同体的出现。所以奴隶制是派生的形式却使得共同体规模以及其中人与人的关系发生了质的变化。奴隶制的共同体中失去了公社所有制共同体中劳动者与生产资料所有者的天然统一。最大限度地从奴隶身上榨取更多的利润。马克思对此曾一针见血地指出奴隶经济的发展促进了商业的发展。于是，随着交换关系、私有制和分工的进一步发展，出现了新的生产方式，原有共同体的旧有的存在条件遭到了破坏，形成了基于人为而自觉地形成的社会组织：市民社会。

第三种，是以公社为基础，通过集会联合形成的日耳曼民族为代表的语言、血缘等的共同体。"日耳曼人总是按照血族共同体集体定居，而不是单独定居的：他们是按照氏族和亲属关系一起居住的"②，这样一来私有制成分就较高了，"共有地只是个人财产的补充"③。逐渐形成奴隶转化为农奴或农民与土地占有者贵族和领主的身份差别，日耳曼封建所有制为整个欧洲后来兴盛起来的农奴制奠

---

① 马克思恩格斯全集：第46卷［M］．北京：人民出版社，1979：493.
② 马克思恩格斯全集：第32卷［M］．北京：人民出版社，1975：53.
③ 马克思恩格斯全集：第30卷［M］．北京：人民出版社，1995：477.

定了基础。城乡对立、等级差别、手工业和行会的出现乃至等级制的形成，使整个社会表现出明显的家族宗法制度统治下的等级、伦理的封建秩序；日耳曼共同体作为一种基于语言、血统的共同体，公有地（ager publicus）、私有地（ager privatus）同时并存，公有地作为补充，被共同占有和保卫。这样一来，"一方面是土地所有制和束缚于土地所有制的农奴劳动，另一方面是拥有少量资本并支配着帮工劳动的自身劳动"①。马克思认为这样的双重所有制导致了手工业式的工业、商业、农业的分工，形成了封建王国共同体的存在条件。

综上，人类以人的依赖关系形态结成的最初的三种共同体就是指"社会"（Gesellschaaft）的联合，强调了内在的共同性或公共利益的联结纽带作用。例如由血缘、地缘、利益、军事、宗教关系同盟等，没有被异化的、人类尚未分化的社会。这种共同体与社会概念的外延是基本重合的，属于联合起来的现实的个体（Indviduum），独立存在且不断生成变化的有机联合。原生形态的自然共同体是人类在社会生产力广泛形成之前的自发公有制为基础的社会形态。前资本主义的次生形态社会从土地私有制开始，共同体的内部出现了国有土地和私有土地的差别并进一步演化为市民与农民的差别。共同体的公共利益领域侵入了私人利益，无疑是对共同体公共性和普遍性的破坏。原始共同体的本质属性和总体特征表现为以血缘和地域关系为纽带的人的联合，以土地、公社为基础，以生产使用价值为目的自由劳动（即劳动者既拥有劳动资料又拥有劳动对象，这种

---

① 马克思恩格斯文集：第1卷［M］. 北京：人民出版社，2009：523.

劳动主体与劳动客体统一具备了自由劳动的客观条件）。正是因为如此，劳动者大都处于一种"我为人人、人人为我"的创造性劳动的整体价值实现过程。"各个个人都不是把自己当作劳动者，而是把自己当作所有者和同时也进行劳动的共同体成员。"①　发展到了奴隶制和私有制阶段，"共同体就同作为其基础的所有制关系一起瓦解了"②，马克思则以"人的依赖关系"把握到了前资本主义共同体的总体特征，通过所有制演变的社会发展视角确证了前资本主义共同体兴衰的历史。作为共同体中的一员，既是财产的所有者，又体现了财产公有的意识。作为国家公民，允许个人私有，但要受国家共同体的制约。鉴此，在前资本主义共同体的生成过程中，除了自然的纽带作用，还应该看到三种共同体的最终瓦解的原因在于个人和社会的发展都受到了所有制关系的桎梏，而所有制的发展是同原始关系相矛盾的。社会生产力不断发展，人的独立性随之提高决定了所有制形式必须随之改变。因此，个人与共同体关系的变更，取决于所有制的形式，而生产力的发展突破了自然共同体的局限成为自然共同体解体的决定力量和基础性作用，这一点初步形成了马克思解读共同体内涵的主要叙事。

二、"物的依赖为基础"的资本主义虚假共同体

战争和自然灾难以及生产力的发展使得前资本主义的自然共同体不断解体。马克思指出："作为第一个伟大的生产力的出现是共同

---

① 马克思恩格斯全集：第30卷［M］．北京：人民出版社，1995：465．
② 马克思恩格斯全集：第46卷［M］．北京：人民出版社，1979：484．

体本身……生产力的发展使得这些形式解体，而它们的解体本身又是人类生产力的发展。"① 继之，出现了依然是人身的依附的精神共同体以及王权共同体。随着文艺复兴和启蒙运动的兴起，社会契约论重见天日并成为保护私有财产和人身安全的人造的共同体建构的主导性叙事。霍布斯提出"安全和秩序共同体"思想；洛克提出限制政府权力的三权分立的思想；孟德斯鸠从法的精神维度寻求好的共同体；卢梭通过人民公意构建人民意志共同体；梅因以人的等级地位改变定义"契约社会"与"身份社会"；腾尼斯则以是否出现私有制为标志定义了"共同体社会"与"利益社会"等。圣哲先贤从不同角度对于人类的传统社会的发展以及迈向新时代的展望，把握到了不同的特质。国家逐渐发展为以民族主权为标志的最大的共同体。在这层意义上马克思称国家为"政治共同体"（Politischen Gemeinwesen），"政治"一词表达了对于这种带有明显压迫性质的"共同体"的不满和义愤。19 世纪，欧洲步入了现代性社会。资产阶级斩断了传统的宗法与习俗，宣告了前资本主义共同体解体的历史结果。随之而来的是以私人交换为基础的市民社会的逐步确立。马克思认为"货币直接是现实的共同体，因为它是一切人赖以生存的一般实体；同时又是一切人的共同产物"②，商业的发展使得货币作为交换价值的意义解构了传统共同体。货币作为新的共同体媒介从满足人们需要的手段演变为目的本身，表现为人对货币的依赖和崇拜。一方面，在现实生活的交换制度中，货币成了"非神圣形象"

---

① 马克思恩格斯文集：第 8 卷［M］. 北京：人民出版社，2009：48.
② 马克思恩格斯全集：第 46 卷［M］. 北京：人民出版社，1979：176.

的"人的异化的、外化的和外在化的类本质"①，打破了人的依赖纽带。货币不仅成了瓦解古代共同体的力量，而且形成了以资本为共同体纽带的新的最高的共同体，在生产领域将工人联合起来，使之成为实现资本增值的工具。因此，货币虽然是物，却体现了属人的本质，成为人所依赖的等价物，起到了联结这一异化的"社会"（Gesell－schaft）的作用，个人的独立性凸显，在这层意义上马克思称之为货币共同体。当货币成为资本，马克思认为此时的质变"正如猿发展为人一样"②。货币于共同体内部而言又像是"分离剂"，产生了阶级的对立。马克思认为"货币直接是现实的共同体，因为它是一切人赖以生存的一般实体；同时又是一切人的共同产物"③。另一方面，在界定资本主义"虚假共同体"及其相关的范畴时马克思依然把"自由劳动"作为本质规定，他说："在资本对雇佣劳动的关系中，劳动即生产活动对它本身的条件和对它本身的产品的关系所表现出来的极端异化形式，是一个必然的过渡点。"④ 促发这一"过渡的点"的首先是货币的发展史。

在《1857—1858年经济学手稿》中，马克思指出第二个社会形态的特征是"以物的依赖性"为基础的"个体"本位阶段。"个体"⑤ 实际上成了阶级个体，人的独立性、主体意识在这一阶段逐

---

① 马克思恩格斯文集：第1卷［M］. 北京：人民出版社，2009：245－246.
② 马克思恩格斯全集：第46卷［M］. 北京：人民出版社，1979：204.
③ 马克思恩格斯全集：第46卷［M］. 北京：人民出版社，1979：176.
④ 马克思恩格斯全集：第46卷［M］. 北京：人民出版社，1979：520.
⑤ 侯才在《马克思的"个体"和"共同体"概念》一文中认为，"马克思给予'个体'一词以特殊的青睐，不仅用其来指谓资本主义社会、市民社会中的人，而且将其提升为一个普遍的历史概念，用来指谓一般社会中的人。该词强调了单个人的独立与自由"。

步形成。这一阶段共同体的基本特点是共同体纽带被"物"破坏，"物"实际上就是商品经济的私有财产，个体摆脱了对共同体的依赖。马克思从国家发行货币的职能出发，看到不同商品背后的社会资本、社会等级，在这层意义上马克思认为国家也是一种"抽象共同体"，并将共同体视为人的现实的社会关系总和的形式，群体性、政治性的公社或国家。马克思在研究共同体的古典形式与现代形式关联的过程中呈现了共同体的历史变迁和现实样态，从古罗马西塞罗开始，国家就是一个共同体的概念。"国家乃是人民的事业，但人民不是人们某种随意聚合的集合体，而是许多人基于法的一致和利益的共同而结合起来的共同体。"① 然而，资产阶级国家各种政体不论是代表民主的还是代表贵族的都流于虚幻的形式，只是阶级斗争的工具而已，作为"普遍性"组织，只代表了资产阶级的私利。实际上，在资本主义国家的虚幻形式下，每个个体都隶属于特定阶级，超阶级的个体是不存在的。就是说市民社会内部也存在着分裂，因此，不同阶级所代表的利益迥异，阶级利益成为个人利益的总代表，需要形式上的共同体来调节利益矛盾，于是国家独立于市民社会又只是维护了统治阶级的私利并以"冒充的共同体"（Gemeinschaft）、"虚幻的共同体"（Gemeinschaftlichkeit）形式代表普遍利益以维护共同利益的身份出现。但马克思并没有否定国家存在的真实历史价值，他指出要让人民的共同利益优先，而不是资本家个体的利益优先，抑或者是某种神圣形象优先，在这层意义上马克思在论及基督教、犹太精神时，深刻地指出宗教斩断了人的类意识，形成了一个"虚

① 西塞罗. 论国家 [M]. 北京：商务印书馆，1986：207.

幻的共同体"的事实。

货币、劳动发展史以及资本逻辑演进的动态发展过程为正确认识资本主义虚假共同体，提供了一个"抽象统治"的概念。《1857—1858年经济学手稿》"货币章"中，马克思考察前资本主义共同体时，是以自由劳动作为载体来理解并阐释前资本主义共同体概念的。沿此思路马克思发现，被资本家当作商品的"劳动力"与劳动者本意上的自由劳动是对立的，异化劳动所导致的劳动与资本的对立才是资本主义国家阶级压迫的本质。这一发现使马克思对"共同体"概念的理解超越市民社会的框架，由此而进入了对阶级社会的进一步考察，揭示了资本主义虚假共同体的实质，即物与物之间的虚假关系遮蔽下的人与人之间的真实的社会关系。马克思意识到货币的形而上学性，提出了"货币共同体"的概念。马克思从货币共同体的发展出发，看到货币通过对商品和社会关系的抽象化运行机制，使自身成为资本主义虚假共同体的抽象观念的实质，并凭借"货币拜物教"的社会现象达成了形而上学的普遍意义，遮蔽了资本主义生产方式的内在矛盾。马克思透过这种"抽象统治"的现象本身深入到商品拜物教批判，指出以生产使用价值为目的的劳动只是体现了前资本主义共同体同自然界物质变换关系的特殊规定，商品"价值"的实现也有赖于资本主义社会商品交换的交往形式。商品意味着拥有某种使用价值；而货币它的表层是指一般商品的等价物，实则潜含着商品的价值是能够带来货币的货币——资本。因此，货币表征了一种"抽象共同体"，其深层涵义是资本关系对人的奴役。资本主义虚假共同体代表的正是人们在其生产、消费、交换、分配活动中不平等的社会关系。所以，马克思揭开货币拜物教之谜就是揭开商品拜物教之谜，从而引导出从货币共同体到资本共同体再到抽象共同体的层层逻辑布展，抽象的物的联结实则是资本主义虚假共同体的实质。抽象的虚假共同体中社会最本质的关系是资本关系；人与人之间最现实的关系是经济价值关系。伴随着资本逻辑的演进，资产阶级将生产实践和人类活动都纳入资本主义虚幻的国家共同体中，资本主义虚假共同体企图把国家共同体合理化、永恒化和普遍化的真实意图在于取得世界霸权。鉴此，较之于前资本主义共同体这一时期的共同体的本质特征就是以资本增值为目的，以异化劳动和阶级压迫为外在表现的虚假联合。在《资本论》中，马克思指出这种人与人之间关系的实质是统治和从属的关系，这种社会关系的结构是"经济共同体"的独特结构。也就是说，虽然第二大社会形态中人已经摆脱了前资本主义共同体的自然生产力桎梏，却依然似动物依附于自然般地依附于货币，在这样一个经济共同体中社会关系表现为物与物的关系。马克思考察到资本的私人占有占据了共同体的公益空间，当作为个体的私人在物质领域获得极大满足的时候，愈加反衬出资本对共同性与公益空间的反噬。所以，马克思用"经济动物"来说明人的被物役性和似自然性，用"虚假"冠以现实的和真实存在的资本主义国家共同体，说明其只是"看不见的手"资本的"抽象统治"，同时也指出了资本主义国家作为虚假共同体的历史暂时性以及历史尚不是真正的人类历史的发展特性。

三、"自由人联合体"中大写的人

马克思在《德意志意识形态》的"费尔巴哈"章中，区分了虚假共同体和真实共同体并对资本主义虚假共同体进行了批判。可见，从"虚假"到"真实"的共同体的质的关节点，必然是社会发展到了与之相匹配的共产主义阶段，而人不再作为阶级的代表，人本身突破了国家限制获得了本质意义上的自由而全面的发展。在未来的真实的共同体中，随着国家消亡阶级剥削和压榨也随之消失。取而代之的将是代表公共和整体利益的组织——自由人的联合体。生产消费品，而非商品；分配按需求，而非盈利的交易。真实共同体所引发的改变在于，人类作为人类主体并不意味着个体个性的泯灭，反而意味着以个体自由全面发展为社会化联合的控制主体，每个个体不再体现阶级的意志，而是使人成为新的社会关系建构的真正主体。在人类社会形态的第三阶段，将以产品经济为社会的基础，高度发达的生产力升华为人的自由时间，或者说是自由个性的彻底实现和发展将是应然旨归，而生产资料的社会全面占有则是实现这个目的的手段。自由时间的历史获得意味着人充分、自由、且全面发展的前提条件的满足。与此同时，人们的交往关系也会因为资本生产方式的消灭而彻底变革。自由人联合和交往的方式使劳动和人的发展不再对立，在前两个阶段的发展基础上实现了两者的相辅相成，"自由人联合体"中劳动发展为人的第一需要。恩格斯曾与马克思在描述这一民主联合形式时，对真实共同体概念做了如是阐述："一到有可能谈论自由的时候，国家本身就不再存在了。因此，我们建议把'国家'一词全部改成'共同体'（Gemeinwesen）。"① 人最终扬弃了资本逻辑的限制，成为共同体中自由的主体、大写的人，把自

---

① 马克思恩格斯选集：第3卷［M］．北京：人民出版社，2012：324.

身作为发展的目的而成为历史的产物。

在理想与现实、真实与虚假的价值判断中马克思关于"共同体"概念的致思理路随着时代的发展而发展。私有制离析了早期的血缘共同体，通过现实的资本主义分工和交往，人们不再像以往那样相互关怀，而变得彼此漠不关心，人被看作是孤立的、自满自足的、自私而逐利的原子个人，沦为"普遍的虚假的共同体"。生产的社会性于应然意义上要体现在"自由人的联合体"中，而实然上却异化于资产阶级个人占有的"虚假共同体"中，人的本质异化了。马克思站在"社会关系总和"的视角界定人的本质，认为人与人之间的关系要从"对物的依赖性"中解放出来，把"资本主义虚假共同体"中以追求"物"为目的的人，发展成以追求"人"的自由全面发展为目的的"自由人联合体"，而这一过程必须通过经由世界历史造成的普遍交往和生产力的普遍发展，所以他说"每个单个人的解放程度与历史转变为世界历史的程度是一致的"①。而现实上，马克思认为人类社会的史前阶段，由偶然的个人联合来的共同体或受制于自然必然性如血缘、宗法等，或受制于经济必然性如商品、市场、资本等，都是不自由的，因此，从异化人到自由人的回归、从偶然的人向真实意蕴的共同体中必然的人的回归，才是人本质的回归。在这一点上，马克思认为在异化的共同体形式中，从自然共同体中走出来的偶然的个人，已经被片面发展为完全地抽象化的个体，工人完全失去了成为人的条件，只是作为一种抽象的个体存在着，而共同体应当是扬弃了异化的、偶然的人而形成的自由的、必然的人

---

① 马克思恩格斯文集：第 1 卷［M］．北京：人民出版社，2009：689.

的联合体。人的差别实质上反映的是人的生存条件的不同，归根结底是指物质生存条件对人的质的影响；真正共同体中生活的人可以自由地在自己的必然的物质生存条件中，没有特定地分工角色，把个性的丰富和发展作为全面发展的目标。真正共同体的属人本质要求人类在进入社会化的人或人类社会前，必须科学、持续地进行社会的自觉建构，亦即提升人类社会的总体文明，打破"虚幻的共同体""政治的共同体""虚假的共同体"，斩断资本的分裂逻辑，使人的类生活和个体生活达到统一，不再需要中介。所以，马克思所理解的真正的共同体是消解异化、回归人的本质建构"自由人联合体"的运动，较之于以往共同体学说所涵盖的规模更大、超越意义更强。

从上述分析中可以看出，马克思关于"共同体"概念的嬗变阐释，体现了共同体发展的"正题—反题—合题"的三段论结构。其中，马克思对虚假共同体的批判反映了其共同体思想否定之否定的辩证逻辑。马克思的全部思想可以概而言之为关于"自由人联合体"的学说。从马克思共同体思想这一逻辑线索分析，所谓"真正的共同体"指的就是共产主义社会。正是在这个意义上，马克思共同体思想意在开辟一条超越资本主义道路的人类文明新形态，因而马克思共同体思想书写了"自由人联合体"中大写的人。马克思对"共同体"的把握不是基于一种抽象人性论的把握，而是体现了马克思的"从后思索法"，即通过对前资本主义共同体（猴体）与资本主义虚假共同体（人体）做比较研究，从而把握"个体"与"共同体"之间的关系，确证了资本主义虚假共同体存在的合理性，即通过物化的联结使前资本主义共同体中的个人从弱肉强食的自然界提升出来。恩格斯在《自然辩证法》中进一步说明："只有一个有计划地从事生产和分配的自觉的社会生产组织，才能在社会方面把人从其余的动物中提升出来，正像生产一般曾经在物种方面把人从其余的动物中提升出来一样。"① 马克思用了一系列"共同体"的相关概念，表达出了不同类型的共同体有着不同历史使命。总体上可以把握到三大内涵。

其一，人类"只有在共同体中才可能有个人自由"②。前资本主义共同体摆脱自然力控制最终形成的人对人控制的人的依赖性，这一阶段，共同体是社会关系的主体，共同体联结的纽带是血缘关系和统治与服从关系。到了资本主义虚假共同体阶段，共同体成了虚幻的主体，人与人之间是一种异化的关系，共同体的纽带是物的联系。只有到了"自由人联合体"阶段，"全面发展的个人——他们的关系作为他们自己共同的关系"③。就是说，个体的全面发展在虚假共同体中是受限的，因为处于资产阶级社会的人，在私有财产及其利己主义价值观的狭隘视界里，个体与国家共同体呈对立关系，或者说与整个人类社会是对立关系，资本主义虚假共同体只是被看成是个体存在的条件，个人实然的自由与应然自由之间相应的也是对立关系。从马克思共同体思想的立意看，只有在国家、个人与社会中培育起共同体的意识，并且把生产方式的变革纳入扬弃国家虚幻共同体的历史逻辑，才能建构出积极、平等、正义的社会关系下

---

① 马克思恩格斯选集：第4卷［M］. 北京：人民出版社，2012：860.
② 马克思恩格斯文集：第3卷［M］. 北京：人民出版社，2009：571.
③ 马克思恩格斯全集：第46卷［M］. 北京：人民出版社，1979：108.

的人的个体自由与整体人类自由相互成就的关系。

其二，生产力与相应的交往形式之间的矛盾是共同体兴衰的主要根源。资本主义虚假共同体以虚幻性质掩盖了共同体交往异化导致的物的依赖性，统治阶级对于劳动者自由人权的剥夺产生的阶级矛盾以及最终必然形成的社会剥削。马克思认为资本主义虚假共同体是社会发展的一个特殊阶段，它承接了以往全部生产力与相应的交往形式的成果，但是其逻辑演进的前提是生产资料与生产者的分离。也因此，生产力与生产关系的矛盾作为社会生活实践的基本矛盾，所谓的"基本"指的是这一矛盾影响、决定着社会生活的其他矛盾，从而决定着共同体发展的走向、兴衰的因由。借助于生产关系的发展，才使得共同体内部的矛盾及其发展规律得到深刻的揭露与阐释。在这个意义上，可以说共同体的兴衰与发展也是一种自然历史过程，有其必然性的负面结果，也体现以偶然性为表现形式的历史发展规律，资本主义虚假共同体哺育了自己的掘墓人和新生产方式，并随着世界历史的洪流而最终成为历史博物馆中的遗迹。

其三，以每个人的自由个性和全面发展为特征的真实意义上的共同体，即"自由的个人"是社会关系的主体，是马克思共同体最真实意义上的主要内涵。马克思立足共同体建构逻辑描述和分析"自由人联合体"理想，并对其所处的资本主义现实发起批判、审视和扬弃，指明了人类社会形态演变的历史，实际上内含了共同体的建构由低级向高级、由被动到主动的发展史，其现实性在于消除人在资本主义虚假共同体中由异化劳动所造成的人本质的异化，实际上就是消除共同体的异化。马克思指出了社会历史的个体发展的历史过程性，进而在《德意志意识形态》中提出"有个性的个人"的共同体存在的理念，与《共产党宣言》中所说的"每个人的自由发展"与"一切人的自由发展"以及在《资本论》中所期冀的人的"自由个性"的发展的辩证关系在逻辑上相呼应。"自由个性"的发展的辩证关系在逻辑上首尾呼应。"自由个性"发展阶段的后资本主义时期的共同体内涵就是"个人"与共同体实现了重新的和谐结合，并在这种共同体中个人实现了全面而自由的发展。在《共产党宣言》中，"共同体"作为唯物史观的基本范畴，其内涵和外延都已经澄明了，此时，"自由人联合体"是马克思共同体思想的最高哲学命题，而人的自由个性、每个人的全面发展和自由是相对于人的共同体本质而言的。

可见，马克思在概念的经典表述中想要解决的是共同体发展的问题，而不仅仅是共同体的概念发生了变化的问题。也就是说，不同时代共同体的动态发展中内涵界定的问题，反映的是概念嬗变现象背后的共同体的发展本质。马克思所建构的共同体理想，以其独特的批判性、实践性建构和超越性，在"自由人联合体"的制高点上诠释了共同体内涵。从主要的文本理路，可以勾勒出马克思共同体思想在"概念嬗变"的动态发展中的理论内涵。在《1844 年经济学哲学手稿》中马克思按照人本学的逻辑来论证"人道主义共同体"；在《德意志意识形态》中主要是从"资本主义虚假共同体""货币共同体""国家虚幻共同体"等的批判中，建构了真正意义的共同体概念；在《共产党宣言》中，马克思则主要是以"自由人联合体"何以建构的唯物史观，阐发了无产阶级革命必然性、人的共同体本质，以及资本主义的发展冲破狭隘的地域拘囿为人类扩大的交往和未来共同体的建构提供了条件；马克思将其共同体思想发挥到学理的至高层面是在其晚年的《资本论》手稿中，通过运用"批判的革命的辩证法"、阶级分析的方法，以生产力与生产关系的内在矛盾运动的发展红线为逻辑论证主线，揭示了资本主义虚假共同体内部不可调和的分裂，必将造就自身的否定力量，使得人类在世界历史的基础上构建真正共同体的基本原则：每一个人的全面而自由的发展，人类作为目的本身的发展，将超越必然王国，在真正的自由王国（自由人联合体）实现从而完整解答了未来社会发展的走向"历史之谜"。

第二节　马克思共同体思想的本质特征

马克思的共同体思想的展开是开放的，即过去、现在与未来三者之间的相互衔接与扬弃，超越了现象世界的虚幻共同体而建立了真正共同体的本质世界。总体上看，人作为一种共同体意义上的存在和发展，必须有某种公共性的存在，关系以及社会成员普遍认同的精神的抑或文化作为联结纽带，而不能将共同体固化为孤立的实体，要从客观变化的发展中把握人类共同体建构的实际内容，并且以共同体的本质世界为真、为善、为美，批判虚假共同体的伪真、伪善、伪美。所以，马克思指出"关系本身即结合，或者被理解为现实的有机的生命——这就是共同体的本质"①。虽然每一阶段马克思对于共同体的称谓有所不同,但其相关范畴是一致的,即个体与共同体关系、共同体与人类交往、共同体分化与建构、共同体与自由、个人权利和共同体价值实现等。马克思共同体思想的主题就是扬弃现实世界资本主义虚假共同体,弘扬理想世界"自由人联合体",并以共同体思想的本质特征说明人的存在,这一本质特征可以概括为属人本质和自由本质。也因此,马克思确立了共同体发展的价值评估标准——共同体发展进程中"现实的个人"的自由实现程度和全面发展程度。

一、马克思共同体思想的属人本质

马克思从"人类社会"的立足点出发,走向"全部历史真正的发源地和舞台"② 市民社会,探寻真正的、属人的"共同体"。马克思认识到在市民社会中,人成为脱离共同体的个体,"市民社会"成了"共同体社会"的否定形式。人的尊严和价值抽离了阶级的属性和差别,被虚假的自由和平等人权所掩盖,共同体在资本主义世界沦为观念意义的存在。1844 年 7 月,卢格对西里西亚织工起义的事件发表意见,提出起义的原因是由于"人们不幸脱离了共同体和他们的思想离开了社会原则这种状况下爆发的"③。针对这种政治偏见,马克思一针见血地指出,卢格所谓的"共同体"就是德国的国

---

① 斐迪南·滕尼斯. 共同体与社会——纯粹社会学的基本概念 [M]. 林荣远,译. 北京: 商务印书馆, 1999: 52.
② 马克思恩格斯文集: 第 1 卷 [M]. 北京: 人民出版社, 2009: 540.
③ 马克思恩格斯全集: 第 3 卷 [M]. 北京: 人民出版社, 2002: 394.

家制度所代表的统治阶级统治的暴力工具。在马克思看来，统治阶级建立起拥有统治权力的国家共同体带有非常鲜明的政治性质和狭隘的统治阶层精神。同时，他指出工人可以通过劳动离开这种不能代表工人阶层的共同体而走向生活本身。在这里，马克思提出了将来脱离了偏狭的政治意义的共同体的属人本质，他在《评"普鲁士人"的"普鲁士国王和社会改革"》一文中写道："工人自己的劳动使工人离开的那个共同体是生活本身，是物质生活和精神生活、人的道德、人的活动、人的享受、人的本质。人的本质是人的真正的共同体。"[1] 这就使得马克思的共同体思想区别于资本主义虚假共同体的阶级局限性，是以人的彻底解放的高度改造阶级社会的共同体建构，马克思指明了共同体内涵在于生活本身，包括物质的生活和精神的生活。与此同一时段，在1844年6月至8月间，马克思在《1844年经济学哲学手稿》中，把人的本质与人能动的"类生活"相联系。1845年在《关于费尔巴哈的提纲》中，马克思对人的本质的现实意义做了"一切社会关系的总和"[2] 的理解。可见，马克思把共同体的本质与人的本质合为一体，意在指明使人异化的共同体是虚假的，使人的本质失去生活的、道德的、活动的、享受的所有属人本质的共同体是有违人性的。

历史发展的形态不论是"五形态"还是"三形态"，都体现了历时性维度的人的关系的纵向发展规律。因此，人不能沦为任何物的附属物；社会的发展最基本的宗旨应当以绝大多数社会成员的幸

---

① 马克思恩格斯全集：第3卷［M］. 北京：人民出版社，2002：394.
② 马克思恩格斯选集：第1卷［M］. 北京：人民出版社，2012：135.

福程度来衡量。马克思在《哲学的贫困》中提出"社会有机体"概念，马克思的"社会有机体"与19世纪孔德和斯宾塞从生物有机体类比社会有机体不同，他认为社会是一切关系并存而这些关系又相互依存的有机体。这一理论为理解马克思的共同体的属人本质提供了发展的、动态的考察方法。马克思抓住了人的实践性对于社会有机体的发展的关键意义，其中人类的"共同体"实践是马克思看待人类社会有机体发展的独特标准。起初，在个体力量弱小的时候，需要共同体的力量凝聚，随着共同体力量联盟逐步壮大，摆脱了村社、家族、采邑、教区、行会等小型共同体的掣肘，不断壮大的资本主义政治国家共同体摆脱了专制王权，由传统王朝国家变成了现代国家。这一历程表现为打破乡土社会的血缘共同体，发展到个体本位的社会，彰显了个人权力和个性伸展的现代化进程。在这一历史进程中，马克思从"前资本主义共同体—市民社会—自由人联合体"三个阶段的正题、反题、合题，阐发了共同体性发展的历史逻辑以及扬弃资本主义虚假共同体的人类解放向度。马克思通过不同时期共同体概念的嬗变指出"只有在共同体中，个人才能获得全面发展其才能的手段，也就是说，只有在共同体中才可能有个人的自由"①。一语点明了共同体的属人本质，指证的是人的自由自觉的实践关系，表征人作为政治动物与禽类之辨的种群差别；以"自由人联合体"为最高目标的价值本质表征了个体在共同体中的自由个性；在每一个时代特有的发展过程中，人的本质表现为一切社会关系的异化抑或和谐，体现了共同体的发展本质。马克思在论述共同体时

---

① 马克思恩格斯选集：第1卷［M］. 北京：人民出版社，2012：199.

从不把人的共同体本质孤立起来，他主张真正的共同体是以促进个人在共同体中获得发展为目的，这个共同体的本质是足以避免个人主义冲击的自由人联合体；每个个体都不可能离开共同体而独立发展，马克思视界中的真正共同体成就了每个个体的生存、发展和自由，形成了一种全球性的共同体交往形式，这种交往形式深入到每个人行为、生活、文化诸方面的轴心。马克思在《资本论》第一卷第一版序言中，从内生性和发展性的角度对人类社会进行了比喻，他说："现在的社会不是一个坚实的结晶体，而是一个能够变化并且经常处于变化过程中的机体。"① 列宁后来发挥了马克思的社会有机体思想，指出分析社会有机体的组成要研究其社会形态的生产关系，并借此来说明人类社会有机体是发展的，指出到了世界历史阶段是一个整体，而各个民族是它的"器官"。这一论断很好地说明了马克思共同体思想的属人本质从来不是外部未知力量强加于人的他者建构，而是人类世世代代发展生产力的结果，体现了社会发展的进步，即人本质力量的创生、人类的主体创造的共性，与"有个性的个人""自由的个人"和"偶然的个人"的个性之间历史的辩证的统一，处于社会有机体发展的过程。

马克思共同体思想的属人本质揭示了发展是共同体运行的一般规律。资本主义虚假共同体时代，资本主义生产方式造就了利己主义个人的个体本位，也带来人类共生的共同体危机，比如：环境、能源对自然共同体的破坏甚至战争引发的小型国家共同体的灭亡，个人与共同体之间的共生基础不断受到人为的挑战。共同体本质异

---

① 马克思恩格斯全集：第 23 卷［M］. 北京：人民出版社，1972：12.

化的社会，带来了现代性的危机，个人主义走向极端化的后果是对共同体属人本质的消解，现代性走向自反的结果是泯灭了人性、社会发展性及共同体的价值性，就会以虚假的人性、发展的片面性以及价值的物化为代价吞噬人类文明的成果。马克思总是把共同体放在由物质生产实践所决定的历史发展中，放在人与人、人与社会、人与自然一定的物质关系中考察，以人类社会形态的演进来说明共同体的发展，其中属人的本质和人的自由个性统一构成了共同体发展的主体性力量。共同体发展的动因是许多因素交互作用的结果，起决定性作用的是人所创造的经济因素，体现的是人的能动性和本质力量。马克思的共同体思想展示了从被迫联合的人——阶级国家中的人——共同体中的自由人这一完整的人的自我实现过程，科学预示了在自由个性的人的主体性力量中，真正的共同体不再有阶级和阶级对立，人最终摆脱了无往不在阶级的、地域性的、偶然性等的枷锁，成为世界历史存在的、没有国家的、普遍的个人、自由而全面发展的有个性的必然的"自由人"。

二、马克思共同体思想的价值本质

马克思观察到，不论是契约理念还是 1791 年和 1793 年法国大革命的人权宣言，都只是口头上表达了天赋人权、自由、平等、博爱的价值观在虚假共同体中不可能真正实现的启蒙允诺。在马克思看来，前资本主义自然形成的共同体虽然并非理想社会，但是较之于抽象的物化的"货币共同体""资本共同体"等体现了更多的高尚性。马克思"共同体"概念嬗变体现的不是价值中立，而是鲜明的价值取向，仅从其共同体概念名称看就有"抽象""虚幻""虚假""真正""自由"的价值判断。马克思从共同体发展的"主体的尺度"和"客体的尺度"两个尺度的统一中，达成共同体发生、发展、成熟的价值判断。在《1844 年经济学哲学手稿》中，马克思首次提出了关于人类劳动的价值判断尺度的思想。他指出："动物只是按照它所属的那个种的尺度和需要来建造，而人却懂得按照任何一个种的尺度来进行生产，并且懂得怎样处处都把内在的尺度运用到对象上去；因此，人也按照美的规律来建造。"① 显然，马克思把人的类本质对象性的活动即劳动，当作是美的尺度，包括作为客体的物质世界所呈现的劳动成果以及在劳动过程中主体的成长两个尺度的统一。因此，"异化"劳动与"自由"劳动所对应的资本主义"虚假"共同体和"自由"人联合体的价值判断相并提，以表明马克思共同体思想价值本质的自由向度。

首先，马克思共同体思想体现了无产阶级和人民大众的价值立场。

马克思通过"共同体"中的人的关系来把握共同体所蕴含的价值立场，突出了共同体本位和个人本位的两极对立意识，强调共同体发展所蕴涵的"人类"的价值诉求，"类"是共同体属人本质的突出标记，通过个体的自然统一性将每个人的自由全面发展视为人类的共同体建构实践；强调共同体所蕴含的人与人关系的和谐本质，人的类本质的力量将冒充共同体所谓的个体本位摒弃。在马克思的共同体思想中，真实的共同体不但能够真正体现真、善、美等价值，

---

① 马克思恩格斯文集：第 1 卷 [M]．北京：人民出版社，2009：163．

而且还能够以价值的尺度、鲜明的阶级立场表达共同体思想的价值判断。在金钱拜物教和个人主义泛滥的资本主义世界，政治共同体如何可能成就个体自为的抑或无为的美好生活？这一问题成了极大的讽刺。质言之，人类美好生活的可能性仅仅取决于每个个体拥有货币价值吗？在《1857—1858年经济学手稿》中，马克思就从对这种虚假的价值批判开始，将人赖以生存的货币作为实现共同体一个重要媒介提出将国家发行货币的职能概括为"抽象共同体"，展开了共同体价值问题的反思。马克思在《资本论》中明确指出，随着人从属于商品生产的物化，共同体趋向于没落。通过对资本逻辑的分析，马克思指出资本主义生产方式的矛盾性、对抗性终将击溃这一逻辑所裹挟的强有力的价值观，自行败露其虚假性的本质。从资本主义虚假共同体工具性的现实中，马克思观察到资本主义国家作为统治阶级维护自身利益的组织形式不能代表全体社会成员的公共利益并承担社会应有的职能，反映的是共同体对个体人格和个人权利的压制以及国家内部的阶级分化、个人利益与公共利益的矛盾，而这一点正是资本主义国家对人的发展的限制。马克思认为国家这种冒充全部社会成员普遍利益的共同体，以虚幻的伦理形式掩盖着代表统治阶级利益的虚假面目。所以，共同体的价值本质"在过去种种冒充的共同体中……，从前各个人联合而成的虚假共同体"①，如马克思所见，尤其是在现代资本主义国家这一新型的共同体中已经变成追逐私人利益的手段和工具，以至于现实的社会关系无不体现着私有财产和个人利益最大化的明显的功利主义物化逻辑。马克思

---

① 马克思恩格斯选集：第1卷［M］．北京：人民出版社，2012：119．

批判资本主义虚假共同体以抽象的劳动对人剥削；以人的社会关系的异化颠倒了人与物的关系；以平等的剥削劳动力践踏了人权；等等，资本主义虚假共同体典型特征之一便是功利主义的价值本质体现，一方面生产力的高度发展不能简单等同于人的发展，马克思衡量人的发展是从自由实现程度和发展的全面程度来界定的；另一方面功利的尺度无法量化自由、平等、自主等人性的估值，功利主义遗忘了人类共同体至善的价值在于人本身而不是人的身外之物。马克思秉持无产阶级的价值立场展开了对共同体正义性的深刻反思，他没有在抽象的意义上确证真正共同体价值的至上性，而是从现实的资本主义虚假共同体的真实状况和社会关系结构中，思考共同体价值的立场。这意味着马克思看待共同体的价值属性不再满足于对道德层面的探究，仅仅揭示若干价值原则，而是立足于真正人的世界，超克资本逻辑对人的世界的物役的"自由人联合体"的探究。在这种联合中，马克思特别重视共同体中个人的价值不是作为私有财产的拥有者的意义，真正的共同体价值能够使人的需要和享受失去利己主义的性质，使人的对象性本质力量只作为人的本质力量的对象性活动而自为地存在。真实共同体与虚假共同体的价值属性的不同之处在于是新的人性图景表征了从物的世界向人的世界的升华的全过程。

其次，马克思共同体思想体现了对全人类自由全面发展的最高价值诉求。

一方面，马克思共同体的价值本质内涵了人的尺度，即每个人的世界历史存在，意味着一切个体的人的主体性的逐步实现，包括人在经济、政治、文化、社会、生态等方面需要的满足。人的发展，特别是一切个体的人的全面而自由的发展，是马克思共同体思想所追求的最根本的价值。从根本上说，全面而自由的人不是隶属于阶级的成员，是共同体所追求的价值目标。纵观"人的依赖关系"时期、"物的依赖关系"时期、"自由个性"时期马克思共同体思想，可以观测到与三个历史发展阶段相对应的人的发展状态：自然共同体的原始自由、虚假的形式自由、每一个人自由发展与一切人自由发展良性互动的实质自由。把人的本质的恢复作为人的关系、人的状态，以此为共产党人的奋斗目标，最终建立个人在联合中获得自由的"自由人联合体"。黑格尔早就以思辨的方式构想过自由的发展和演进过程，在他看来整个自由精神生长史是一部从个体人的自由发展到整体人类的自由，人类文明演进的历史相应地有一个从一个人到一些人再到所有人的自由发展过程，而普鲁士国家就是所有人自由的理想境地。相比较而言，马克思的"代替那存在着阶级和阶级对立的资产阶级旧社会的，将是这样一个联合体，在那里，每个人的自由发展是一切人的自由发展的条件"[①] 这段话看上去与黑格尔的逻辑很相像，但是，马克思恩格斯在谈"每个人的自由发展"时，所指向的哲学批判前提，一是唯物史观的物质文明、精神文明等的发展基础，二是消灭阶级后以人与人之间的平等为前提的自由人联合体的条件，表现为人的自由、生命、尊严、权利、发展等价值。

另一方面，马克思共同体的价值本质内涵了物的尺度，体现了

---

① 共产党宣言［M］. 北京：人民出版社，2018：51.

人与人物质关系的成果积淀。人的劳动创造、社会贡献及经济等的物质价值，是对世代更替的劳动主体的生存、发展成就的积极保存。早在《德意志意识形态》中，马克思恩格斯就表达过全部考察的出发点是"现实的个人"的思想。在他们看来，生产关系在归根结底意义上，它的变化是由生产力决定的。马克思认为的真实共同体是取消了私有制关系的共同体。但这并不意味着取消资本主义虚假共同体世代累积的生产力，在生产力的发展没有提出消灭阶级存在的条件之前采取"捣毁机器，放火烧毁机器"①，不仅是一种幻想，更是一种风险。资本主义虚假共同体所创造的物的价值在人与物的关系上表现为片面的物质价值或生产力贡献价值，虽然是经济学上的价值，但是也表征了哲学上人与人在物质关系上的不断扬弃逐利、贪婪、片面化发展的倾向，终将使人的本质力量获得全面发展的条件。马克思批判资本主义虚假共同体抽象的价值观念演进逻辑脱离了真实的共同体价值，资产阶级利用劳动力商品交换的形式平等掩盖了事实的不平等，以虚幻的共同体遮蔽阶级利益的对立。马克思共同体思想的价值本质体现的是事实判断与价值判断的统一，在马克思看来，共同体的真正价值体现在共同体交往中关系的平等，而这一平等的基础必然统一于重建个人所有制的完成以及人的自由而全面发展的"自由人联合体"中。

因此，马克思共同体的价值本质表现了一种超越性。既要实事求是地从实然的虚幻共同体出发去追求真实的共同体价值，又要从应然的真正的共同体出发，追求真善美。共同体的价值本质的超越

---

① 共产党宣言［M］. 北京：人民出版社，2018：36.

性体现的是利他性、利群性，体现了国家、民族、乃至人类的社会价值，以不损害共同体的整体利益为前提。这就要求共同体要超越平庸，追求发展。马克思恩格斯指出真正的共同体的建立是要通过消灭私有制分工和阶级对立，建立真正的人的平等关系，在发展的进程中，改变一些人自由而另一些人不自由的物化世界差别，进而实现真正的人的自由全面发展的状态。作为人本质力量的全面占有者复归于人的社会存在。鉴此，"自由人联合体"或说"联合起来的自由人"都是对共同体价值属性的自由维度最确切的注脚。马克思把共同体与自由的辩证关系看作是人的共同体存在的价值确证，他把自由王国奠基在人类物质财富积累和生产力发展的必然王国之中，他并没有否定资本主义虚假共同体存在的历史必要性。对于由此带来的劳动异化、交往异化、自然异化等诸多异化问题引发的现代性危机，马克思以超越性的历史发展视阈提出了扬弃异化的唯物史观方法论原则。因此，马克思实际上提出的是"共同体自由"理念，就是说，马克思把共同体的辩证发展路径看作是以实践为基础的否定之否定的历史过程，随着这一历史过程的演进，人类必将克服"政治共同体"狭隘的政治利益、"资本主义虚假共同体"的虚假普世性、"虚幻共同体"的二元对立，最终实现人类解放。真正的共同体能够确立每个个体的价值并在共同体与个体的辩证关系上体现价值并重和发展共享的理念。马克思共同体思想的价值取向要求无产阶级革命绝不能停留在掌握国家政权的视界，而是要遵循社会发展的规律继续往前走，直至无产阶级自身的消亡，这就意味着要消解自然力压迫、社会关系压迫，把自由、平等等人性共同的价值理念安放在人与人、人与社会、人与其自身之间矛盾真正和解的"自由人联合体"中。因此，自由是马克思共同体思想的最高价值取向。

最后，马克思共同体思想的价值本质表征了人类进入世界历史阶段的人类文明向度，体现了人类文明的高度发展。

马克思在《共产党宣言》中把"文明"的概念与资本主义虚假共同体发展到世界历史阶段联系在一起探讨。他说："资产阶级，由于一切生产工具的迅速改进，由于交通的极其便利，把一切民族甚至最野蛮的民族都卷到文明中来了。"① 他还比较了已经进入世界历史条件下的资本主义国家与尚未进入世界历史洪流中的其他国家，指出世界历史"使未开化和半开化的国家从属于文明的国家"②。马克思从自由劳动与共同体的关系切入，论述了主客体双向作用的劳动结果产生了不同时代的共同体文明的发展程度。马克思指出了从资产阶级革命争取自由，到资本支配权力的自由资本主义时代，由于不可克服的矛盾抗力进入一个悖反发展的轨道，最终消灭了阶级权力和资本而进入真正的共同体时代。在《资本论》第一卷第一版序言中，马克思指出："社会经济形态的发展是一种自然历史过程。"③ 鉴此，马克思共同体思想指明了人类历史发展的"新世界"，即人类文明的新形态。资本主义虚假共同体在自身的发展过程中必然有孕育新的更高的文明形态可能性，马克思把这种文明新形态称为"共产主义"。按照马克思的判断，人类文明必将为以此新文明的

---

① 共产党宣言［M］．北京：人民出版社，2018：31.
② 共产党宣言［M］．北京：人民出版社，2018：32.
③ 马克思．资本论：第1卷［M］．北京：人民出版社，2008：10.

实现为起点，进而开辟人类联合意义上的共同体之路。那么，人类社会如何开启这条通往自由人联合体之路？马克思以唯物史观的创造性发现提出了通往自由人联合体的实现路径，即生产力发展到能够在生产过程和分配过程中都摈弃商品，个人劳动与社会劳动的关系不再需要资本的中介的程度；社会必要劳动时间让位于自由劳动时间；每个人的自由个性得以充分发展；终结资本奴役下的雇佣劳动的社会关系，进而提供了建构真正共同体的价值，届时贯通公共利益与私人利益的桥梁就会被打通，一切历史的冲突就会在生产方式的矛盾的合理解决中向自由王国迈进。

　　马克思在读詹姆斯·穆勒的《政治经济学原理》之后，认为"因为人的本质是人真正的社会联系，所以人在积极实现自己的本质的过程中创造、生产人的社会联系、社会本质"①。这实质上指出了"人真正的社会联系"的实现问题，需要漫长的历史积淀和条件，每一代人所创造的生产力构成累积与进步，形成"合力"，以及人类共同体本质实现的过程。在这个意义上，历史维度中的共同体属人本质和价值本质可以被解读为人类从"必然王国"到"自由王国"自我实现的历史发展的累积与超越。这种积累和超越一旦实现，就会转变成新的决定力量，实现了生产力充分涌流、物质财富的共同占有、按需分配以及自由劳动等共同体本质。如同美国学者古尔德在《马克思的社会本体论：马克思社会实在理论中的个体和共同体》中将这一过程总结为："作为工人自己创造物的这种共同性是对重新占

---

① 马克思恩格斯全集：第42卷［M］. 北京：人民出版社，1979：24.

有作为劳动者自己财产的劳动的客观共同体的根据。"① 因此，马克思认为人类文明的史前时代就是尚未进入"自由人联合体"的时代，世界历史阶段的国家共同体文明也不是人类社会的真正历史。马克思共同体思想的价值取向充溢着辩证思维的力量，一方面使本质上代表压迫与剥削的旧的、虚假的共同体失去存在的根据与价值，同时使属人本质与承载人本质价值的新的、真实的共同体饱含未来意蕴的历史唯物主义发展趋势，表征了人类劳动创造的物质文明、精神文明、政治文明的成果以及人的本质实现的过程。这一过程的现实性主要体现在现代社会生活的社会文明进步历程中，是指在经历扬弃资本主义虚假共同体的历史的基础上，社会文明的进步主要体现在打破以强制劳动及其分工体系为基础的旧世界的共同体，形成超越狭隘的利己主义的阶级等级与族群、地域分割，建立合理劳动，财产普遍占有，并具有基于正义的"生产关系的总和"制度文明框架，建立人类普遍的命运共同体意识，并积极地承担起发展人类文明的责任。

综上，马克思认为真正的共同体应包含人类共同的价值以及共同的利益，使社会财富和人两个重要元素得以在人类生活充裕的余暇时间自由全面发展。资本主义的发展为真实共同体的产生创造了人和物的必要条件，马克思对资本主义虚假共同体的核心问题私有财产的批判同时涉及基于重建所有制的真正共同体的认知。而马克思通过异化劳动理论解构了资本主义劳资关系的同时又建构了生产

---

① 古尔德. 马克思的社会本体论：马克思社会实在理论中的个体和共同体 [M]. 王虎学，译. 北京：北京师范大学出版社，2009：58.

方式历史运动最终指向——"在劳动已经不仅仅是谋生的手段，而且本身成了生活的第一需要之后；在随着个人的全面发展，他们的生产力也增长起来，而集体财富的一切源泉都充分涌流之后"①，真实的共同体即"自由人联合体"就建立起来，其最大的特点就是阶级消亡后个体的利益与共同体利益的一致性，自由劳动和高度社会化成为其本质。真实的共同体应该是这样的——"由社会全体成员组成的共同联合体来共同地和有计划地利用生产力；把生产发展到能够满足所有人的需要的规模"②，此时共同体中的个体是作为个人参加自由人联合体的，人的主体性和自由得到了共同体真实的保障。

① 马克思恩格斯文集：第3卷［M］. 北京：人民出版社，2009：435.
② 马克思恩格斯文集：第1卷［M］. 北京：人民出版社，2009：689.

第五章

马克思共同体思想与西方社会思潮批判

马克思之所以被评为千年思想家，原因就在于马克思对于现代的人文社会科学的影响几乎占据了所有领域，其共同体思想对当代西方社会思潮也产生了深刻影响，新自由主义（neo‐liberalism）[①]、功利主义（utilitarianism）、共同体主义（communitarianism，或译为社群主义和新集体主义）三者分别围绕"共同体"的建构抑或分化的相关问题域阐明了各自的观点与立场，既有个人权利的来源和运用的争议问题，也包含了社群、政府和国家作为来维护个人权利的作用和角色问题。在"共同体"问题上的理论争鸣，虽然表面上冲突和交锋不断、难分胜负，但其共性问题在于不论是关于共同体的建构还是分化，三大思潮都是站在资本主义立场的官方辩护哲学，属于资本主义内部的"自我纷争"，而马克思的共同体思想至今依然

---

① "neo‐"前缀意为：新，但还有复制（copy）先前事物之意，诞生于20世纪70年代的 neo‐liberalism 有向自由主义复归的意思，因此严格意义上讲这一前缀标指的是"新自由主义"，主张在新的历史时期继承和发展自由主义传统，维护资产阶级个人自由和经济自由主义的资本主义制度，与19世纪70年代的 new liberalism 有很大的不同，本文采用"neo‐"意义上的新自由主义以示区别。

是这三大社会思潮无法绕过的理论对立面。今天的思潮论战与马克思恩格斯所处年代的理论交锋大相径庭，在主题内涵上也有相当的差异。在全球化条件下，社会时空的失衡性特征呼唤国家间的合作方式上必须体察到人类主体所面临的全球治理问题，新自由主义所秉持的价值立场必将导致资本横暴而使得两极分化的危机更加深重；社会时空的压缩性特征要求国家间在经贸往来上要不断增强物质资源、人力资源流通的互利共赢，功利主义以"整体幸福"的名义践踏的正是公平正义的义利观；社会时空的转换性特征要求在发展方式上日益提升风险意识，而社群主义所召唤的资本主义意识形态里田园牧歌式的保守主义传统，这恰是旧有的集约型发展模式。鉴此，必须重新审视和发掘马克思共同体思想的当代价值。自由人联合的大道浩浩荡荡，马克思共同体思想为人类共同解决现代性危机，提供了通往自由之路的视阈。

第一节　马克思共同体思想对自由主义的批判

承继洛克、卢梭和康德的契约论传统的自由主义（liberalism）是西方民主社会的奠基哲学，主要论证了资本主义私有制条件下的自由、民主、宪政，包括思想信仰自由，集会结社和参与政治的自由竞争，是打着"自由"旗号，把个人游离于共同体之外，代表了一定历史条件下的资产阶级现实利益的诉求，因而始终存在着阶级性和人民性的内在分裂。毫无疑问，自由主义思想把人看作是孤立的原子个人，把人的自由逐利作为最高价值准则，要求任何一种所谓人权都是一切为了维护个人的利益。马克思倡导的"自由人联合体"思想与自由主义抽象的价值观显然是相互对峙的。哈耶克在其1944年出版的《通往奴役之路》中打着反集权主义的旗号，提出西方世界的民主国家被一股社会主义之风所迷惑，而作为西方文明基础的个人主义和自由主义价值观，却渐渐被人淡忘，控诉以集体主义为原则的社会主义价值观念是对个体自由的剥夺，是通往"奴役之路"的思想。1947年4月哈耶克等成立朝圣山学社学术团体，建议恢复古典自由主义思想精华，建立新古典自由主义（neo‐liberalism）。1971年约翰·罗尔斯发表《正义论》，力图避免古典自由主义理论的潜在缺陷和吸收马克思的批判成果，成为古典自由主义与新自由主义的实质分水岭，将自由主义推进到新自由主义阶段。进入21世纪的世界局势表明新自由主义思潮以"强势"话语权在全球蔓延，利用貌似自由平等的规则，打压、排斥乃至欺凌弱小国家，人类命运在淡化共同体意识中急速分化。

一、古典自由主义批判

自由主义思想可追溯到洛克、卢梭和康德的契约论和启蒙运动的传统。它打着"自由"旗号，把个人游离于共同体之外，发展了现代西方民主社会的奠基哲学，通过论证资本主义私有制条件下的思想信仰自由、集会结社自由和参政自由等表达资产阶级利益诉求，因而在资本逻辑的物化世界产生了旷日持久的思想冲击和学术影响。但它却始终存在着日渐"原子化""碎片化的私人逐利性"和内在分裂性；自由主义者把人的个性和自由还原为原子化的理性人，并经由这种原子化理性人订立契约、建构共同体社会。在自由主义理论中，自由是人自身所固有的财富，在任何条件下，个人自由都应具普遍的终极的真理性。马克思曾受法国大革命，特别是19世纪法国自由主义思想家贡斯当、基佐、托克维尔等著作的熏陶，赞同欧洲近代进步思想家的价值理念，且其全部理论都是以肯定个人自由为基点的。马克思也认同自由主义思潮在摧毁了封建制度从等级、工会等特权思想下获得政治解放的进步价值。另一方面，早在德法年鉴时期，马克思在《〈黑格尔法哲学批判〉导言》《论犹太人问题》中就已经开始反思法国大革命以来启蒙运动主导下政治国家与宗教、人的基本权利（公民权、私人权）、市民社会三方面的信仰自由、行业自由、财产自由关系，并针对其所生活时代的自由资本主义生产方式以及人类社会发展规律进行研究，批判自由主义的负面价值，系统阐述了从政治解放到人类解放思想的全过程。指出正是由于自由主义把社会理解为个体的机械组合，个体是目的，而社会则是手段，奉行个人自由至上的价值观，诱发了"资本拜物教"的滋生。就此而言，不理解马克思对古典自由主义的批判，也就不能理解马克思用以对抗古典自由主义的理论武器——马克思共同体思想。

马克思认为是作为资本主义奠基哲学的自由主义，使人类脱离了共同体精神，同样，是资本主义市场经济反过来又强化了个体利益优先的自由主义。马克思指出自由主义思想归根结底是为资产阶级阶级实现经济自由服务的。自由主义意识形态家所标榜的资本主义社会中最大的自由实际上是买卖自由，这种流通领域中的自由实际上包含了出卖劳动力的自由和购买劳动力的自由，而生产领域中的不自由却被掩盖了，但这正是起决定性的人的自由。人在资本主义虚假共同体中沦落为追求私人利益的完全利己的私人，这种私人独立性的个体却不能担当起社会公共利益的责任，为捍卫个体自由的主权，公共利益必须让位给无限扩张的私人利益，于是共同体社会全面异化成了市民社会。在《共产党宣言》中，马克思恩格斯确立了以自由为根本原则的自由人联合体的真正意义上的共同体精神。马克思恩格斯并没有直接提供一个现成的共同体价值观，而是通过与其所处时代的自由主义进行论战和彻底的否证，确立了共同体与个体自由的实现问题的唯物史观立场。马克思批判自由主义标榜的理论和现实的矛盾，但是并没有影响历史地和客观地肯定其相对于中世纪的封建主义的进步意义，同时也指出了资产阶级开辟世界历史的自由贸易和自由竞争的"非常革命的作用"；秉持历史唯物主义把握世界的眼光，更加深刻地建构了实现共同体自由的可行性路径。从文本上看，在《神圣家族》中，自由主义思想被马克思恩格斯确立为继法国大革命和启蒙运动之后确立的，以自由贸易和平等交换为存在论基础的现代意识形态。以此为考察前提，到了1845年写作《德意志意识形态》时期，马克思恩格斯从社会物质生产、经济基础于社会发展的决定性作用维度提出人的自由必须从人与人之间的所有制关系入手来考察，包括劳动分工关系（主要是物质劳动和精神劳动的分工）、资本与权力的关系（主要是对劳动的支配权）。在此基础之上，解构了自由主义的自由观。

　　自由主义与马克思共同体思想在对待"个体"问题上有着不同的定位。资本主义奉行自由主义，确立了个人利益优先的本位。实际上，马克思共同体思想也把人的个性自由发展作为社会发展的主题，建立以"现实的人"为坐标，以实践为出发点和建构点的个体与共同体协调一致的和谐机制。但是，马克思共同体思想强调充分尊重和保障"每个人"自由发展的前提，而且在资本主义发展的条件下，马克思共同体思想并不否认个体经济自由作为人与人之间协调的方式。核心问题在于能否行之有效地协调历史发展过程中个体和共同体的关系，这是一个充满矛盾的过程。在历时性发展的维度上，社会学家滕尼斯认为人类共同生活的"共同体"，意味着传统农业文明中的大家族、比邻而居的人们相互关爱和帮助的共同生活；而"社会"则是现代大都市生活中冷漠的利益组合和真实情感、人际关系的相互分离。滕尼斯在时间维度上对共同体与社会概念的划分，清晰地标识了抽象的、超阶级的、超历史的代表现代市民社会的主流意识形态自由主义，相对于传统宗法制的农业文明保守的共同体思想，在意识形态进步意义的层面都是落后的。马克思在分析资本主义大工业时代终将步入世界历史的时代时，指出"由于开拓了世界市场，……各民族的精神产品成了公共的财产。民族的片面性和局限性日益成为不可能，于是由许多种民族的和地方的文学形成了一种世界文学"①。这种"世界文学"的普遍性，势必冲破自由主义垄断的精神自由而更具包容性，上升到"类"的意义上实现人类主体上的整体自由，在这一过程中自由将不再是资产阶级的专有

————————
① 共产党宣言［M］．北京：人民出版社，2018：31．

158

名词，自由主义的面纱将被揭开。无产阶级的革命将不是仅仅一个国家范围内的呼声，而必将在一切文明国家里掀起巨浪。当英国、美国、法国、德国满足了革命所具备的条件之时，同时发生共产主义革命是必然的，将会极大地影响世界上其他国家，改变并加速其发展进程。而代表人类整体发展的马克思共同体思想将会宣告"自由人联合体"新时代的到来。

马克思在自己的主要著作中并没有直接把其共同体思想作为批判古典自由主义武器的明确提法，但仍在核心问题上实现了对古典自由主义的超越。一则，马克思通过对资本主义虚假共同体内部的阶级对抗问题、市民社会的资本拜物教问题的探讨，揭示了古典自由主义在自由、平等、正义等问题的价值观上的有限性、虚伪性以及其形式自由的伪善性；二则，马克思在批判古典自由主义的过程中，看到正是古典自由主义的精神激发了资本主义经济发展的盲目性力量，通过创立唯物史观和剩余价值学说，马克思认为发展的盲目性状态可以通过共同体有计划的生产来调控，从而使得马克思的共同体思想能够从历史发展的暂时性、过程性中揭露现代资本主义生产方式的本质及其国家共同体的虚幻表象，最终破除了古典自由主义思想论证资本主义虚假共同体永恒性的前提批判；三则，在对古典自由主义的利己主义批判中，马克思通过对个体与共同体利益的矛盾说明，为理解现代资本主义资本逻辑的最终后果给予了科学阐释。在这样的意义上，马克思共同体思想具有针对古典自由主义的批判意蕴。

二、新自由主义批判

1971 年约翰·罗尔斯发表《正义论》，着力回应马克思的批判成果，力图为自由主义缺陷辩护，并成功地开创了将自由主义推进到了新自由主义阶段的时代。在《正义论》中，罗尔斯将个人经济自由抽象地描述为全体社会成员的共同利益，假定了"无知之幕"标榜价值中立，着力强调政府公共服务的职能，鲜明表露出为私人资本的自由创造消费主义和个人至上的合理性理论支撑。然而，马克思共同体思想早已揭示资本主义虚假共同体的实质表征的是一种阶级的对立关系；在管理社会公共事务的时候不是采取一视同仁的阶级平等措施，而只是为统治阶级服务，保证其执政地位和利益的虚幻公共代表而已。就新自由主义的影响而言，新自由主义的理论和实践适应了时代的变迁，仍旧以捍卫资本家阶级的利益为原则，利用其市场经济推行自由化主张，但其对于改革开放以来我国的社会生活展开了全面渗透，特别是新自由主义主张意识形态多元化、政府干预最小化、所有制改革彻底化等主张，严重干扰了我国社会主义市场经济的自由，带着强势的资本话语权力和强烈的意识形态干预，将资本主义国家的利益抽象描述为全人类的普遍利益。而马克思共同体思想所要着力阐释的理论是：全部人类作为个体联合的整体不能脱离个体和共同体契合的历史活动，这是社会经济发展的核心问题。质言之，这个问题就是如何使"全部历史的第一个前提无疑是有生命的个人"① 在共同体中成就自我，最终成就全人类。

---

① 马克思恩格斯文集：第 1 卷 [M]. 北京：人民出版社，2009：519.

这个问题的答案可以从共同体形成的基础所有制中探究。因此，马克思共同体思想非但没有过时，依然能够为批判新自由主义提供理论的武器，归纳起来包括以下两个方面的界定。

第一，只有在马克思共同体思想的立意上，并把共同体的建构理想放在真实存在虚幻的共同体现实中，才能对自由主义的进步价值和历史局限性做出准确的辨别和清醒的认识。自由主义激发了人的发展的片面性，马克思共同体思想立意在于人的全面发展愿景。马克思站在人类解放的高度看到了自由主义影响下的市民社会普遍的利己主义行径。他批判道："市民社会的利己主义的个人在他那非感性的观念和无生命的抽象中可以把自己夸耀为原子，即同任何东西毫无关系的、自满自足的、没有需要的、绝对充实的、极乐世界的存在物"①，自由主义所实现的政治解放远非彻底的人类解放。马克思共同体思想与自由主义在公共利益上的焦点问题上显然是相互对峙的。在《共产党宣言》中马克思义愤地指出："现代的国家政权只不过是管理整个资产阶级共同事务的委员会罢了。"② 为了破除人民对于资本主义虚假共同体宣扬的人道主义价值观的迷信，在《资本论》中，马克思进一步将共同体思想上升到必然王国与自由王国的高度。资本主义虚假共同体旨在探求调节私利冲突的"经济自由"，由此构成了统治阶级的主流意识形态。但是，这种少数人的"经济自由"却让"普遍自由"异化为真实共同体价值的桎梏，以此为基础的虚假共同体价值也只能服从所谓的经济自由原则，却将

---

① 马克思恩格斯文集：第 1 卷 [M]．北京：人民出版社，2009：321.
② 共产党宣言 [M]．北京：人民出版社，2018：29.

共同体社会永远安置在了市民社会经济领域中的必然王国。自由是要把人从"劳动工具"的命运中解脱出去,重建人的自由尊严,不剥夺任何人占有社会产品的权力。私有制条件下的分工使得工人单向度地发展成为片面的人、畸形的人。资本家不仅全面掌控了其本国工人自由,而且通过资本扩张必将把整个世界都拖拽进资本的逻辑之中。竞争和战争破坏了主权国家独立存在的自由,"正像它使农村从属于城市一样,它使未开化和半开化的国家从属于文明的国家,使农民的民族从属于资产阶级的民族,使东方从属于西方"①。"主导"与"从属","中心"与"边陲"的这种矛盾,使资本主义的中心从欧洲拓展到北美,先后又把东方世界拉入资本自由的体系,列宁后来将这一进程概括为帝国主义与殖民地的矛盾。

　　自由主义无论是古典自由主义还是新自由主义本质上都是一种个体本位的个人主义,因此其政治哲学的重心不在"共同体",其道德哲学排斥集体主义,而提倡自我和个人主义的观念。比较有代表性的是哈耶克在1944年出版的《通往奴役之路》,控诉以集体主义为原则的社会主义是通往"奴役之路"的主题,希望重振西方文明基础的自由主义。哈耶克认为商品经济和市场经济的重要性就在于用一种自发的生成秩序对抗极权主义的统治方式。在此基础上,哈耶克号召成立了以恢复自由主义思想为宗旨的朝圣山学社学术团体,新自由主义(以恢复自由主义为目的)兴起。毋庸置疑,在商品交换中拥有不论宗教、地域、阶级、阶层乃至种族、国界的自由交往权利,在实现公共生活的必要职能方面新自由主义理念的进步意义

---

　　①　共产党宣言 [M]. 北京:人民出版社,2018:32.

是值得肯定的。然而，新自由主义假以市场主体的独立性，采用合乎资本逐利的原则去实现和维护个体自由的基本权利，倡导每个公民作为自由市场经济主体的经济人，把私人利益作为目的，这实际上无视了人类作为命运与共的共同体的整体利益。从新自由主义的理论和实践的结果看，新自由主义作为西方资本主义的国家意识形态，以学说和思潮的形式在全球推广，是希望把市场经济的通行规则放置于四海皆准的普世价值。从这个意义上说，新自由主义主导了资本主义市场经济本身，在市场的竞争、价格、供求和资源配置机制步步完善的基础上，巨大的国际市场网罗了世界上绝大多数的国家，使得各个国家共同体日益紧密地联系在一起，多元主体的情况下不得不面对人类共同体与个体国家之间的关系问题。这个总问题触发了新时代人类共同面对的能源、疾病、科技发展等事关人类生存与发展的基本问题，甚至是事关人类命运的危机问题。然而，当今时代唯一的超级大国美国非但没有大国应有的担当意识，反而不断地以退出国际组织的行为一意孤行地实行单边主义。这种情形早已被马克思批判为："各个人看起来似乎独立地（这种独立一般只不过是错觉，确切些说，可叫作——在彼此关系冷漠的意义上——彼此漠不关心）自由地互相接触并在这种自由中互相交换。"① 从历史发展的潮流看，随着世界格局的多极化、全球化、多样化、信息化发展，攸关人类整体利益的人类共同体问题将不断被激发出来，以人类命运为联结纽带的共同体建构势必形成时代潮流，并针对新自由主义造成的现代性危机采取行之有效的矫正方法。如果听任新

---

① 马克思恩格斯文集：第 8 卷［M］. 北京：人民出版社，2009：58.

自由主义在全球范围内肆无忌惮地推行自由化，国家间发展的不平衡势必加剧全球的不平等，陷落后国家和人民于苦难。

　　第二，马克思共同体思想明晰了资本主义虚假共同体批判与真实共同体建构的阶级分析方法，从最终消灭阶级的"自由人联合体"立场自觉抵制自由主义资产阶级立场的干扰。马克思在界定和把握资产阶级何以上升为整个社会的统治阶级的过程中，形成了资本主义物化世界资本逻辑的批判与解构，得出了真实共同体建构的价值旨归。自由主义思潮使得资本的逐利性变得合法化，最终在资本逻辑的运转下，资本全面掌控了人的世界和物的世界。在这种进步强制的过程中，强大的社会生产力无法在资产阶级的所有制关系中得到合理的配置，社会中大多数人（无产者）恒贫，社会财富因私有制而无法反馈社会不断出现"生产过剩"的现象。马克思恩格斯在《共产党宣言》中明确指出，是生产过剩的危机引发生产力和生产关系之间根本矛盾，生产过剩就像瘟疫一样导致了资本主义世界的经济危机，自由变得愈发遥不可及。新自由主义宣扬"个人自由的理想""完全市场化"和"全面私有化"，否定马克思主义共同体思想主张的"共同体自由"和"共同体发展"。

　　按照新自由主义建立起来的所谓"自由秩序"，实际上就是为资本统治提供国际垄断、资本掠夺和剥削的合法性工具。不同于马克思恩格斯年代的自由主义，新自由主义力图通过私有化进程推进资本运转、资本投机等国际"规则制定"，使之形成新的全人类霸权。马克思对自由主义深刻和系统的批判来自于资本批判。马克思认为"自由竞争是资本的现实发展。它是符合资本本性，符合以资本为基础的生产方式，符合资本概念的东西，表现为单个资本的外在必然性"①。资本逻辑的第一个直接后果是资本主义的劳动力市场抛弃了大量的过剩生产者，使工人阶级沦落为无产者。第二个直接后果是过剩人口的必然产生及大多数人口贫困，社会日益两极分化，无产阶级与资产阶级尖锐对立。压迫与反抗、富裕与赤贫的鲜明对比为工人争取自由权利提供了联合起来的政治诉求。第三个直接后果是日益成长起来的无产阶级恰恰是通过资本主义的危机与政治改良，逐步启蒙了现代政治意识，理解到自由只有通过无产阶级发动政治革命、社会革命才能实现。第四个直接后果是无产阶级政党的应运而生。资产阶级对内借助资本实现对本民族国家内部劳动力商品的占有，对外要借助资本实现对落后国家的剥削，甚至不惜发动战争。虽然资产阶级统领了世界，"工人没有祖国"②，成了无国民众，但正是在这个意义上，达到了马克思在《哲学的贫困》中强调的劳动主体工人的作用，即革命阶级本身就是最强大的生产力。所以，马克思恩格斯疾呼"全世界无产者，联合起来！"③，促发了工人阶级强烈的阶级意识觉醒，并因此造就了争取自由和解放的革命主体——无产阶级及其政党。因此，共产党人坚持为整个无产阶级争取自由而奋斗，而不仅仅是民族的单个利益，在此过程中始终代表整个运动的利益。

马克思认为在自由资本主义盛行的时代，拥有魔法般力量的生产力大发展把人从自然力的压迫中解放出来具有历史进步性，同时

---

① 马克思恩格斯全集：第46卷［M］. 北京：人民出版社，1979：159.
② 共产党宣言［M］. 北京：人民出版社，2018：47.
③ 共产党宣言［M］. 北京：人民出版社，2018：66.

这一过程本身也锻造了担当这一使命的人——为无产阶级利益而斗争的共产党人，使之逐步具备了向着更高的历史阶段转变的物的条件和人的条件。战后发达资本主义国家随着工、农、商业的高度发展，在20世纪70年代后的西方世界，新自由主义积极倡导和推行市场经济，并将"华盛顿共识"奉为圭臬，倡导"三化"（即私有化、市场化和自由化）政策。从根本上看，这实际上是一种意识形态传播，新自由主义理论家服务于资产阶级及其政府并得到其支持与资助，新自由主义理论被赋予新的政治内涵而成了为统治阶级服务的工具。但是，正是资本逻辑布展全球的控制权激发了反抗暴政的自由运动，阶级压迫不仅带来了自由资本主义时代，更是拉开了无产阶级革命的序幕。西方国家推行的自由主义不断地被周期性的金融危机等事实归谬，资本扩张所带来的不是普遍自由，而是资产阶级对无产者阶级的统治和掠夺。自由主义所秉持的个人权利的绝对性践踏了人类的共同体精神。如此，个体之间的人性淡漠，鲜活的个性被物化。这实质上是贬低了人、剥夺了人。依此逻辑，"资本具有独立性和个性，而活动着的个人却没有独立性和个性"[①]。自由主义追求的所谓个性、独立性和自由以及资产阶级生产关系下的自由贸易、自由买卖绝不是为实现人的自由个性而提供物质保障，它只能导致资本的私人占有和对工人的全面统治。资本主义愈是发展，就愈是集中，资本权力随之增大，两极分化愈加严重，人口聚集，财富攒聚于少数资本家手中，资本家支配社会权力的资本反过来又带给社会更加无情的压迫。当新自由主义在全球肆虐之时，中国共

---

① 共产党宣言［M］. 北京：人民出版社，2018：44.

产党带领人民坚持以马克思"自由人联合体"的价值立场处理国际交往和事务，以开放包容的姿态在全球首倡文明因平等而互鉴的共同体包容性价值观；在应对资本主义的金融危机影响的波及过程中，及时规避风险、采取举措有力的应对方案，不仅在建立和完善社会主义市场经济体制中坚持了公有制为主体地位的基本经济制度，开辟了新时代的中国特色社会主义道路，而且还为世界贡献了构建人类命运共同体的马克思共同体思想在中国发展的中国方案。

第二节 马克思共同体思想对功利主义的批判

19 世纪初，在西方处于支配地位的理论是功利主义（utilitarianism），该理论从整体主体出发，提出人的趋利性使得社会被还原成由原子式的个体组成的集合体。主张从整体主体出发，提倡单个道德主体之利益构成的整体利益。从早期的功利主义影响看，施蒂纳沿袭功利主义传统在《唯一者及其所有物》中提出所谓个人（individual）就是"我"，"我高于一切"，我是"唯一者"的逻辑理念。施蒂纳认为"我"必须是独立的才是真正的人，要建立"利己主义者的联盟"来取代家庭、社会、国家等共同体，因为，共同体妨碍了"我"，要获得自由，就必须摆脱共同体。这一思想轰动了当时德国思想界，使他名噪一时。马克思在《德意志意识形态》中对其功利主义价值取向所导致的短视行为，进行过大篇幅的批判。然而，功利主义思潮在资本横暴的资本主义国家依然盛行，正如罗尔斯所说："在现代道德哲学的许多理论中，占优势的一直是某种形式的功利主义。"①

一、古典功利主义批判

1844 年底恩格斯致信马克思评价在德国社会引起轰动的施蒂纳《唯一者及其所有物》一书，指出"这位高贵的施蒂纳的原则，就是边沁的利己主义"②，这一评价引起了马克思对功利主义问题的重视与思考。功利主义认为理性的人或政府的行为都要谋求"功利最大化"或"最大幸福"，即个人痛苦最小化，社会损失最小化。基此，所谓的"功利"就是围绕利益问题为核心的主体感应，即达到利益最大化则主体感受最快乐、或幸福，反之则认为获得损害甚至痛苦。边沁认为，公共政策的制定应该本着功利原则，个人的行为应该遵循功利原则，才具有道德的正当性和社会的正义性。马克思一针见血地指出边沁的功利主义关系的实质是"一种抽象的金钱盘剥关系"③。在《德意志意识形态》"圣麦克斯"章中，马克思对施蒂纳的哲学主要是利己主义价值观，进行了大篇幅的批判。施蒂纳在《唯一者及其所有物》中提出个人（individuum）即"我"是"唯一者"，是高于一切的理念。马克思反思资产阶级革命以来对"个人"价值的关注与崇尚，思考并澄明"现实的个人"与其共同体思想之间的张力问题，并对费尔巴哈"类存在物"中的人和施蒂纳的"唯一者"观点中的人进行了区别。马克思认为施蒂纳所谓的

---

① 约翰罗尔斯. 正义论 [M]. 北京：中国社会科学出版社，1988：1.
② 马克思恩格斯全集：第 27 卷 [M]. 北京：人民出版社，1972：11.
③ 马克思恩格斯全集：第 3 卷 [M]. 北京：人民出版社，1960：479.

"唯一者"就是"偶然的个人"，而非属于共产主义阶段的自由自觉的有"个性的个人"。马克思所说的有个性的人，是"各个人必须占有现有的生产力总和"① 的现实的人。马克思认为施蒂纳的利己主义的"我"在批判费尔巴哈的人本主义时候又滑向了虚无主义。施蒂纳高扬"我"（the self）的个体性，认为人类的历史就是从古代的利己主义自我发展成为现代的"我""唯一者"的历史，用"我高于一切"② 的命题拒斥共同体对个体带来的压力。因此，也正是在对施蒂纳的批判中，马克思开始重视施蒂纳思想中的合理成分，在"圣麦克斯"章之后的"费尔巴哈"章中对"现实的人"的问题进行了重点阐发。马克思从"现实的个人"衣食住行的需要和生产问题出发，描述"人"成为"现实"的人的人与自然的关系、人与社会的关系，从而生成生产力的人、社会关系总和的人、处于生产方式矛盾之中的人。施蒂纳提出以建立"利己主义者的联盟"来取代家庭、社会、国家等各种类型的共同体，因为共同体妨碍了"我"。"我"是所有者、唯一者和利己主义者，要获得自由，就必须摆脱共同体。施蒂纳哲学站在无政府主义的立场上把"个人"即"唯一者"，理解为摆脱了群体依赖的个人，排斥政党、国家等共同体，用不具有社会和政治性质的"利己主义者的联盟"摆脱国家共同体的桎梏，创造并实现"我"的能力与自由。马克思从批判功利主义的立场出发，认为施蒂纳的"利己主义者联盟"是自我享乐的、虚幻的玄想。马克思指出在资本主义虚假共同体中，人的关系打破

---

① 马克思恩格斯文集：第1卷［M］. 北京：人民出版社，2009：581.
② 麦克斯·施蒂纳. 唯一者及其所有物［M］. 金海民，译. 北京：商务印书馆，1997：5，190.

了人身依附关系，呈现出以物的关系为纽带的虚幻关系。在这种虚幻的共同体关系中，人不可避免地承接了以往世代累积的生产力偶然性对人发展的制约，所以，人的发展不是施蒂纳所理解的自我实现的发展，而是取决于人与人之间关系的变革，而这种变革离不开人与人之间的现实关系所依赖的共同体发展，即是说"单个人的历史决不能脱离他以前的或同时代的个人的发展，而是由这种历史决定的"①。

从早期的功利主义学说看，边沁第一次把人与人之间的功利关系确立为唯一关系。功利论的"我和你"的相互关系以计算有用性的相互利用为前提；以最大多数人的最大幸福和功利最大化原理为原则；以公共福利的最大化为目标。表面上看与马克思共同体思想似有公共利益上的共通之处，实则有着实质性的差别。功利主义的"最大利益"原则，打着"整体主体"的旗号，使属于弱势群体中的个体处于卑微的，甚至是无足轻重的利益链末端。功利主义者边沁预设"理想的立法者"以整体主体名义试图把个人利益与公共利益进行符合功利原则的统配。所以马克思说"功利论至少有一个优点，即表明了社会的一切现存关系和经济基础之间的联系"②。可是，施蒂纳却把这唯一的优点抽掉了，排除了人与人经济关系的公益内容，"利己主义者的联盟"只能是一种脱离"现实的个人"的生存处境，斩断人与人之间联结的唯一情况才能产生的理想状态和意识形态。相比较而言，马克思的共同体思想中自由自觉的人一定

---

① 马克思恩格斯全集：第 3 卷 ［M］. 北京：人民出版社，1960：511.
② 马克思恩格斯全集：第 3 卷 ［M］. 北京：人民出版社，1960：484.

是有社会关系相连接的人，而施蒂纳的"利己主义联盟"中的"唯一者"是不需要共同体纽带的。马克思通过对施蒂纳哲学的批判，阐明了人类主体与功利主义者的整体主体的本质区别就在于不同的阶级立场，"现实的个人"是具体的、阶级的，拥有自然关系和社会关系的进行物质资料的生产和人的生命的生产的人，正是"这些社会关系实际上决定着一个人能够发展到什么程度"①。在此基础上，马克思恩格斯强调了共同体的本质属性，即人的社会关系本质，这就意味着"现实的人"要参与现实的生产力的过程中；参与到受生产力制约的社会关系之中来完成人的"现实"，最终成为一种社会性的共同体存在。

资产阶级标榜的所谓等价交换原则，掩盖了其劳动力买卖的实质。面对资本来到人间带来的大航海时代残酷的原始积累、殖民者掠夺、贩卖黑奴、鸦片贸易等种种罪恶，却又标榜人权、人性，这种自相矛盾的情况，卢卡奇也曾点评资本主义意识形态和资本的奴役的"联姻"与"共谋"，掩盖了"人与人之间关系的所有痕迹"②。资本主义虚假共同体的本质，就是把资本利益和金融集团的利益置于人类社会公益之上，"中心国"的发展是以"卫星国"的不发展为代价的。马克思共同体利益观认为，物质利益是促使人类发展生产力以及生产、交往和分工的主要动力，要求个人利益服从人类的公共利益。人类的现代化必然是多元化的，人类发展的衡量标准以能否实现人的共同体本质为最高价值标准，绝不是放弃公平

---

① 马克思恩格斯全集：第 3 卷［M］. 北京：人民出版社，1960：295.
② 卢卡奇. 历史与阶级意识［M］. 北京：商务印书馆，1992：144.

正义的原则，把决定行为适当与否的标准囿于追求资产阶级利益最大化的阶级尺度。在马克思世界历史的眼光看来，共同体意识就是要把每个民族国家的发展纳入大工业"首次开创"的世界历史轨道。这种利益集团的整体主体导向，破坏了社会的均衡发展性，造成了经济危机和社会危机。功利主义的思维方式刻意使民族国家个体与各国发展的世界历史趋势形成对立，"功利"无法认清世界潮流，其所谓整体主体的桥梁只能在狭隘的民族利益上架构，既无法实现真正意义上的整体幸福，也使其标榜的整体利益堕入虚假共同体迷障。

二、新功利主义批判

新时代功利主义思想在我国依然有存在和发展的社会历史土壤。其一，中华民族几千年的封建社会历史，遗留下根深蒂固的官本位思想，这种"官文化"表现为某些官员为了追求政绩，偏离为人民服务的实践，把"发展"当作提升政绩的手段；其二，以农耕文明为主导的华夏文明残存了务实保守、实用独立的小农意识，这种"民文化"表现为重视物质利益的短视获利心理；其三，改革开放以来我国的社会转型，使世俗化、功利化、实用化价值观盛行；其四，我国长期处于社会主义初级阶段的现实，多种经济成分以及多种分配方式并存的条件下，出现了不同的利益主体和分配差距，功利主义依托利益经济载体，为以自由市场为主体的经济行为提供了功利主义滋生的土壤。

马克思共同体思想强调了人的思想和行为的利群价值和属人本质。而功利主义强调特定的主体价值，也就是利益集团主体。因此，可以从明确的发展主体辨别和界定功利主义，要言之就是"发展为了谁"。从真正的共同体的人的本质实现视角看，客观"自由人联合体"的实现条件，是一个漫长的历史过程，而功利主义片面强调了"结果"而忽略了"过程"发展的意义，这种结果正义的思维方式，抹煞了过程的正义性。功利主义的行为动机潜移默化助成了趋利避害、巧取豪夺、不择手段的集体无意识的社会心理。具体言之，既然重视每一个人行为的结果，那么自然可以得出，就整个社会范围而言，增进最多数人的最大利益可以忽略道德伦理因素。

中国特色社会主义"五位一体"总体布局，体现了马克思共同体思想系统性、整体性、协同性的发展维度。系统性体现在国家发展民族兴盛的动力系统。这种动力系统源自生产方式的矛盾运动，在直接的意义上，表现为经济、政治、文化、社会、生态领域中的人的状态、人的关系。但这些关系体现和落实到人民生活本身以及国家共同体对人民利益和需求的真正维护。整体性体现在实现共同富裕目标上的战略部署，比如满足人民日益增长的美好生活需要，精准扶贫、小康路上一个都不能少，人在共同体中提升、成长、全面发展。协同性体现在社会主义与市场经济的创新性的辩证统一。国家治理体系和治理能力现代化离不开各行各业劳动者的主体性、创新性的协同发展，生产资料公有制占主体地位的经济基础，决定了在处理社会主义国家、集体与个人三者关系时，能够本着促进社会公平正义的马克思共同体思想的价值立场。

最后，从根本上说，马克思共同体思想为社会主义国家的价值观建构提供了符合社会主义国家共同体发展的历史视野，而功利主义价值观与马克思共同体思想的价值观是相背离的。社会主义核心价值观是马克思共同体思想在中国的运用和发展，必须克服功利主义，尊重社会发展的规律。人民和国家的关系就其实质而言，体现了历史合力的结果，代代生产力的累积形成了"现实的人"的关系、社会有机体构成以及共同体内部的发展状态。这种世代累积的发展图景展示了"个人怎样表现自己的生活，他们自己就是怎样"①，人民由温饱到小康再到美好生活的有规律的历史发展成果，并不是一蹴而就的。马克思共同体思想体现了扬弃国家共同体的自由人联合体情怀，它的眼界决不囿于某个民族国家的单边发展，而在于各个民族的联合、全体人类的解放。事实上，在阶级社会里，没有超功利主义的共同体。诚如毛泽东在延安文艺座谈会上提出"无产阶级的革命的功利主义者"，认为"我们是以占全人口百分之九十以上最广大群众的目前利益和将来利益的统一为出发点，所以我们是以最广和最远为目标的革命功利主义者，而不是只看到局部和目前的狭隘的功利主义者"②。唯有本着"人民，只有人民，才是创造世界历史的动力"③ 的唯物史观立场，国家共同体才能够真正在普遍意义上代表人民，达成每个人的自由发展与全人类的自由发展，每个民族的兴盛与一切民族兴盛的个体与共同体的辩证统一。马克思的共同体发展的思想涵盖了双重逻辑：一是发展逻辑，人对人的依赖所对应的前资本主义共同体、人对物的依赖所对应的资本主义虚假共同体以及高级形态所对应的人的全面自由发展的"自由人联合体"。

---

① 德意志意识形态：节选本［M］. 北京：人民出版社，2003：12.
② 毛泽东选集：第 3 卷［M］. 北京：人民出版社，1991：864.
③ 毛泽东选集：第 3 卷［M］. 北京：人民出版社，1991：1031.

二是否定之否定的辩证逻辑，由于物质财富的累积在前两个基础性环节中具有决定性的作用，前工业化时期、工业化时期是社会生产力发展不可逾越的必经之路，马克思明确指出了从自然经济到商品经济，滋生功利主义的历史必然性，但是这种历史必然性是受规范性局限的，因为商品经济的生产不再仅仅是为了使用价值的需求，而是为了生产交换价值，这就必然会刺激获得剩余价值的欲望，这种由"需求"演变为"欲望"的心理推动着功利主义成为现实。同时，在商品经济中，由于价值规律引发竞争机制，作为一种外在的强制力量又使得功利主义进一步强化。马克思指出了共同体发展的最终结果一定是私有制、资本、阶级、国家的消亡，并逻辑地隐含着后工业化时期共同体发展否定之否定的回归路径以及功利主义随之灭亡的历史命运。

第三节　马克思共同体思想与社群主义

秉承功利主义传统，20 世纪 80 年代以来社群主义（communitarianism）对新自由主义发起了全面的诘难，因与以罗尔斯为代表的新自由主义的论战而声名鹊起。社群主义者认为，应汲取亚里士多德城邦政治伦理思想的精华，倡导个人自由的前提必须是个人所在的社群以及社群所属的社会的、文化的、历史的关系作为以人为目的原则。因此，社群主义者强调社群价值优先、公共利益至上的正义。社会体制分析社群主义者的基本观点是，社群既是人类行为的善因，也是人类行为的善果，群体即善的原则要求公益优先。社群主义是主张用公益替代个人权利，以克服当代西方公共道德与人类文明的危机。"社群"强调"整体主体"的观点常常与功利主义和保守主义等相关联，而强调个体主体的观点则总是与个人主义和自由主义相关联。因此，从社群或者共同体的角度批判自由主义并不仅仅是社群主义；马克思共同体思想在阐释真正的共同体主体时，明确了"人类主体"即人类自由实现后的每一个有个性的人。然而，社群主义在批判新自由主义的过程中，实质上是看到了新自由主义带来的社会隐患以及由此引发的一些新问题，形成了一些关于"社群"或者"共同体"的观点，并没有脱离阶级的群体，讨论"共同体"问题。因此，有必要将其与马克思共同体思想进行区别。

首先，在国家职能方面绝大多数社群主义者倡导"公益政治"，但是，其社群的形式仅限于个人所属的社群即共同体，而忽略了统治阶级对共同体精神的宰制。桑德尔在《自由主义与正义的局限》中主张需要以一种"共同体"的羁绊，使人应该在共同体生存中成为"有羁绊的自我"。以桑德尔为代表的社群主义者反对把人当作自由的和理性的个体，个体的归属、成长、价值均来自于所属的社群，可以是宗教意义的也可以是情感意义上的，带有浓烈的专制色彩。社群主义思潮一部分提倡复兴古典共同体德性，其理论的来源是亚里士多德的城邦精神主张，并有从启蒙思想中汲取有效资源对抗新自由主义原子化的倾向；另一部分社群主义者的理论源自马克思主义的思想。他们认为社群主义本质上属于集体主义，因此其理论思想与社会主义提倡的集体主义精神有相似之处，主张作为社会共同体之中的个人，要维护社会共同体优先于个人的基本精神。社群主义者并不否认个人自由权利的基本价值，而是认为当今市场经济占主导地位的商品交换时代，更加需要弥补和重视共同体意识的培育，所不足的是两种来源的社群主义都未能从私有制根源上批判新自由主义，也未能从生产关系决定的不平等社群来界定社群的阶级性，其所理解的"社群"或者"共同体"与马克思心目中的"社群"或"共同体"本质上是不同的。"共同体"于马克思的观点而言，不只是市民社会的经营、利益以及政治生活层面，马克思的"社群"更注重人性的解放，即没有阶级、异化劳动和私有制的公共自由的实现。

其次，无论是从共同体的格局上还是发展维度上考察，社群主义倡导的共同体都没有马克思共同体思想立意高远。比如，麦金太尔秉承亚里士多德共同城邦理念，在《德性之后》中提出社群的规模不能太大，仅限于家庭、邻里、部落，而不能是在国家、民族的大范围。在他看来，社群是亲密的、互惠的理想社区，人们在这里履行给定的价值观念和社会角色，而与国家所包容的混乱价值和角色相区别。马克思的共同体思想一方面提出"社会关系总和"，另一方面强调人的本质的实现，即真正共同体必须体现为"每个单个人的解放程度与历史转变为世界历史的程度是一致的"①。在马克思的视界里，"共同体"意味着以人类最合理的关系为联结纽带的自由人联合体，即以自由全面发展的人的需要为纽带，而压制个人自由和发展的"有羁绊的自我"于共同体的价值本质、属人本质都不是马

---

① 马克思恩格斯文集：第1卷［M］. 北京：人民出版社，2009：689.

克思所倡导的共同体。相比马克思的国家意义上的共同体、人类意义上的共同体，社群主义诉诸的是小型共同体。社群主义的小共同体思路为权利政治向公益政治的发展趋势提供了建构依据。在社群主义者看来，国家太空泛了，它无法为具体需求和信念形成构成性的共同体。因此，社群主义提倡的是各种小共同体，这些小的共同体是以把人连接在一起的"纽带"为根据和标志的。由于纽带的性质不同，社群主义的共同体也是多元、多样的，包括被称为"非政府组织"或"非营利组织"的民间社群。这些社群可以有益地补充市民社会个人自由主义的不足，敦促政府重视不同阶层的民意，倡导人们重新思考个体与群体在市场经济条件下的各方利益关系，对于促进社会的和谐起到了一定的意义。但是，必须对之进行严格的辨识以防止非人道的、不健康的社群对社会的危害。

最后，马克思的共同体不是封闭的实体，按照马克思的设想，理想的共同体是"自由人联合体"，是在阶级对峙之后，取代了国家虚幻共同体的人类生存与发展的共同体，绝不是静态的，而是处于动态发展中的与共产主义运动密切联系的共同体建构。依马克思之见，社会是个有机体存在而不是实体，作为有机的联合的共同体建构本身也必然是历史地发展着的，不停地随生产方式的变化而调适的动态过程。因而，社会有机体的理论是马克思超越思辨的或是实体的角度去理解社会群体，把握不同时代的人的共性与个性统一的共同体本质。"一般地说，社群主义者把社群看作是一个拥有某种共同体的价值、规范和目标的实体，其中每个成员都把共同体的目标当作其自己的目标。"① 因此，在社群主义看来，社群意味着整体，个人隶属整体，以"整体主体"的资格行使社群权利。资本主义虚假共同体已经变成个人实现其私人利益的手段和工具，以至于无论社群主义者理论上怎样支持整体主体原则，具体的社会现实总归要服从着私有财产的资本积累，即物化逻辑。社群主义的倡导者实质上体现得更多的是一种现代乌托邦理想，麦金太尔界定的"社群"类似于古希腊城邦的小国寡民加上他提出的德行方案，使之与当代资本主义的市场经济和全球化浪潮显得格格不入，因而，在实践上缺乏可行性和现实性。由此，真正的共同体哲学应该深入到社会的经济结构，超越物化逻辑，建构"按人的方式来组织世界"② 的自由人联合，而这正是马克思共同体思想所完成的逻辑。因而，在马克思看来，共同体是发展和开放的，意指私有制、旧式分工、阶级和国家的消亡，旨在建立生产力普遍发展以及人类普遍性交往的"共同体"，而世界历史的趋势必将逐一突破各类社群，打破人与人之间信仰的、阶级的、种族等的隔阂，最终融入自由人的共同体。可见，马克思共同体思想在把握人类历史发展规律的唯物史观界面上超越了社群主义。应该看到现实中的个人实际上都有参加一定社群的需要，名目繁多的超国家政治共同体应运而生，以各自不同的价值诉求为链接纽带，凝聚共同体建构的认同感，规划任务目标、组织规则等，具备了特定的社群精神，如环保组织、动物保护协会、女权组织等。因此，社群主义提倡的社群理念在人的自我认同方面

---

① 俞可平. 从权利政治学到公益政治学：新自由主义之后的社群主义 [M]. 上海：三联出版社，1998：121.

② 马克思. 1844 年经济学哲学手稿 [M]. 北京：人民出版社，2000：184.

有一定的社会土壤和价值。然而，社群主义思潮打着"公共利益"的旗号宣扬的社群利益实际上依然是隶属资产阶级意识形态，其狭隘的社群利益不能混同马克思共同体思想倡导的人类利益。关于个人自由的私人意识与公益道德的社群意识两极的制衡，片面强调任何一方，都存在着极大的社会风险。社群主义认为如果政府不能代表其所宣扬的社群理念，爱国与爱政府可以完全分离，就是说，其过分强化公民的社群能力可以重新组织新的政府，并在此基础上建立社群倡导的善政。因此，在个人与社会的关系中片面地强调社群，就极可能在抹杀个性的同时，陷入众口难调的政治分歧；忽视个人的主观能动力量的同时，强化了集权的群体反而走向自由民主的反面。因此，不能简单地因社群主义以自由主义批判的对立面出现就认同其全部的理论观点，更不能无视社群主义思想所蕴含的合理因素。问题在于应当如何基于马克思共同体思想的人民立场而批判地吸收其值得借鉴的因素。

概而言之，思潮兴起绝非偶然，社群主义的社群原则、功利主义的功利原则与自由主义的自由原则看上去是两个极端，实际上都是倡导或促使社会组织的分化甚至民粹化。实则都是基于私有财产及其利己主义的个体对真正代表普遍性的共同体的拒斥，国际组织的分化现象就是证明。在很大程度上，人的发展问题日益突破国与国的界限向国际社会谋求联合的需求，已然累积为现代性的病症，成为日益繁杂的人类共同问题，并反过来制约国家的进步与人的发展。人的类能力的发展在当代意义上，体现为谋求共同利益、提倡和平反对战争、追求自由等人性诉求。离开"人类社会"立足点，就辨析不清社会思潮的本质。人们或者把追求利益当作幸福的唯一形式，以个人为主体，主张一切涉及个人的事情都要经过个人同意。如果个人不同意，即便是国家共同体该做的事情也不能做（自由主义者）；或者把社会价值都看作是可以计算和比较的，以整体为主体来判断一切价值，忽视甚至剥夺少数个人的权利，追求最大幸福原则的整体主体（功利主义者）；或者追求社群的片面需求，主张"共同体德性主义"（社群主义者）。三大主流思潮都没有洞悉人的本质与共同体本质的一致性，而实现这种人的本质意义上的"共同体"条件，是一个漫长的历史过程，马克思的共同体思想在运思过程中，始终有一个"否定之否定的价值逻辑"发展过程——人的自由本质实现的完整过程。这个逻辑的终点是"自由人联合体"的"自由王国"，"共同体"在马克思那里借助逻辑推演的形式，通过人类的实践活动所要完成的价值目标：全人类的解放，展示了人的本质的本体论、认识论、价值论意义。

马克思共同体思想中的"共同体"作为一个整体，具有鲜明的"人类公共性"色彩和"共同价值"取向。从马克思共同体思想的发展来看，马克思的共产主义学说是贯穿马克思主义的显性线索，而他的共同体思想是作为研究资本主义虚假共同体过程中通过对异化劳动、私有制、阶级压迫等批判完成的，因而是过程性和结论性的隐性线索。共产主义学说强调的是革命实践思维，而马克思共同体思想强调的是历史建构思维。两者一条明线，一条暗线，形成了互为表里的关系，马克思本人更是把共产主义实践和"自由人联合体"看作是过程与结果的一以贯之。因此，正如马克思的学说是关于无产阶级解放的共产主义运动学说一样，马克思共同体思想有着非常鲜明的阶级立场，并作为一种唯物史观的体现，与形形色色的"共同体"思潮区别开来。从这个角度讲，马克思共同体思想在实际上构成马克思哲学思想的一个带有过程性与结论性的深层逻辑，必须从批判的、革命的辩证法的本质明辨思潮、坚定立场。于我国而言，革命、建设和改革所取得的基本经验即是马克思主义与中国具体实际的成功结合。我国自改革开放以来，随着社会主义市场经济体制的日臻成熟，对西方的社会思潮的批判更趋向理性，总体上形成了有原则高度的批判态度。要坚定马克思主义立场，一方面要旗帜鲜明地反对自由主义、社群主义等西方社会思潮；另一方面也要看到西方思潮以工具理性的思考成就，在自由主义与社群主义相互论辩的砥砺中不断暴露其社会发展的短板，并及时修正了政策的失当，尤其是在国家治理中，这一点是值得肯定的。因此，在文化多元化的当代，面对西方社会思潮的宣导，思潮辨析能力考查的一方面是政治定力，另一方面更是对马克思主义理论的认知程度。要对马克思共同体思想蕴含的价值进一步挖掘，并吸收西方思潮中的有益成分，通过文化的互鉴，以对新时代中国特色社会主义建设乃至人类命运共同体建构产生积极的促进作用。

第六章

马克思共同体思想在当代中国的
发展与实践

　　马克思共同体思想研究在人类学研究的基础上，包含着两个不同的考察维度。一则是欧洲社会典型共同体的维度：古代公社的共同体、前资本主义共同体、资本主义共同体、自由人联合体。二则是东方社会形态演化的共同体维度：氏族公社、亚细亚共同体、可以跨越"资本主义制度的卡夫丁峡谷"的社会主义国家共同体、自由人联合体。两个维度殊途同归，都指向了未来的自由人联合体。但是，马克思没有把这种共同体发展的逻辑演进固定下来，恰恰相反，他坚决不赞同对发展模式的预成化、抽象化、片面化的理解。在给《祖国纪事》编辑部的信中，马克思反对把他的社会发展理论理解为注定的、一切民族的、不分历史环境的程式，他说："这样做，会给我过多的荣誉，同时也会给我过多的侮辱。"① 在考察社会发展的路数和样式时，马克思认为其有自然的、派生的和超越的三种形态。从马克思共同体思想的发展趋向来看，共同体的变迁既体现了"自然的""派生的"，又体现了"超越的"共同体发展逻辑，

---

　　① 马克思恩格斯全集：第19卷［M］. 北京：人民出版社，2006：130.

即经过否定之否定的环节，超越线性发展，在更高基础上复归的过程。马克思共同体思想在当代中国发展与实践的重要成果主要体现在两个方面。一则，为改革开放前后两个阶段中华民族命运共同体的建构，提供了理论依据和建构指导。在马克思共同体思想的指导下，我国顺利完成了建国、建立社会主义制度的大业。特别是党的十四大以来，确立建立社会主义市场经济体制的改革目标，随着国家治理能力和治理体系现代化的推进以及新时代中国特色社会主义"五位一体"总体布局和"四个全面"战略布局的推进，确立了以人民为中心的发展观，以中国梦为联结纽带的、凝聚了13多亿人民归属感和依赖感的民族命运共同体理念。二则，中国智慧"构建人类命运共同体"理念载入联合国决议，得到了世界人民的欣赏与认同。马克思共同体思想在当代中国的发展和实践，为促进世界和平、合作、共赢，破解全球发展危机，贡献了独特的哲学智慧。

第一节　"中华民族命运共同体"意识的觉醒

一、建国立国："中华民族命运共同体"意识的觉醒

1949年9月，面对即将成立的新中国首要解决的问题，即"建设一个什么样的国家的问题"，毛泽东听取了各方民主人士的建议，最终采纳了民主人士张奚若的提法把新中国定名为中华人民共和国。随后通过《共同纲领》，为改变落后的中国面貌，拟定了建设一个独

立、民主、和平、统一和富强的新中国的建国方针。按照这个初心使命，毛泽东指出新中国的成立只是万里长征走完了的第一步，只是意味着建国大业的新起点之完成。自 1945 年中共七大上把马克思主义、毛泽东思想确立为党的指导思想以来，中国共产党高度重视从马克思主义中汲取思想资源，改变落后就要挨打的境况。"怎样建国的问题"成为党和国家领导集体重点关切的事情。新中国成立初期中国共产党面对从革命党转型为执政党，要尽快地完成国家统一，建设新中国的使命，走跳过"资本主义卡夫丁峡谷"的发展路向。马克思共同体思想为新中国提供了从"个体"与"共同体"，到"民族国家"与"人类"的思维建构框架，建立中华民族共同体的初心使命成为马克思共同体思想在中国发展的理论和实践契机。

其一，马克思共同体思想在中国激发了中华民族命运共同体意识的觉醒以及人民群众主体的政治力量，起到了启蒙现代国家共同体精神，推动民主政治发展的理论效应。英国社会学学者齐格蒙特·鲍曼曾认为共同体是人类失去的天堂，意味着美妙的感觉。中国人民饱经帝国主义列强侵略而流离失所的民族命运，使得中国民众更加怀念和珍惜家园的归属感和家国情怀。从这个意义上看，"中华民族命运共同体"就是中国人民的家园。在近代中国民族、民主革命的激发下，唤醒了民族国家共同体的意识。中国共产党发动真心拥护革命的人民群众，以"中华民族"的血缘、文化、精神作为现代国家共同体的链接纽带，为维护国家共同体的完整统一，凝聚起了民族革命的力量。同时，中国共产党摒弃了西方民主制政体在处理市民社会与国家分裂问题上，采取资产阶级利益立场以及利用国家的统治掠夺劳动人民剩余价值的剥削阶级国家的本质与功能，树立马克思共同体思想的国家观，建立人民民主专政的社会主义国家，坚守了作为第一代党中央领导集体的建国初心。因此，如何进一步维护国家统一，获得民族国家共同体确定性的内涵和稳定的边界，成为新中国建国、立国的核心问题。传统封建王朝的共同体思想衰落，取而代之的是人们反对民族分裂，追求新的归属感、安全感、主人翁感的共同体意识。马克思关于资本主义虚假共同体批判这一理论成果，为很长时期党的理论建设高度重视阶级斗争理论并提出无产阶级专政的国体和人民代表大会制度的政体相结合的民主政治建设提供了理论依据。中华人民共和国的成立赋予了人民以公民身份的获得，个人由此成为人格主体，诚如毛泽东在开国大典上宣告"中国人民站起来了"。

　　其二，马克思共同体思想的精神内涵为中国特色的社会主义制度体系的形成奠定了方法论指导。一是从生产关系中把握社会本质，刚从战争中走出来的新中国，满目疮痍，百废待兴。社会经济秩序混乱，政治大环境中依然存有敌我矛盾和局部地区尚未解放的问题。在中共七届二中全会上，毛泽东提出了新民主主义社会五种经济成分并存，两大对立阶级博弈的基本状态，即国有经济、合作社经济、个体经济、私人资本主义经济、国家资本主义经济及在此基础上的工人阶级与资产阶级的对立。以毛泽东为代表的中国共产党人，就此展开了化解矛盾，重建社会秩序，使新民主主义国家向前走，建设社会主义的发展战略。所以，新中国成立初心和历史使命就要求建立新民主主义国家统筹兼顾的"政治－经济－社会"的体制，坚持人民主体地位的人民代表大会制度、多党合作的政治协商制度、民族区域自治制度等；坚持走群众路线的工作方法，注重调查研究等观点与思想，推进社会主义制度的落实，这是根本前提、根本性质和根本方向。

其三，以"国家－集体－个人"的价值原则，破解了"个人自由"和"集体主义"矛盾的理念分歧，为马克思共同体思想在新中国建设的初始阶段提供了个体与共同体辩证统一的分析框架。从马克思"共同体"的实现过程上来看，消除个体异化、实现个体以共同体成员的身份，平等、自由地共享生产资料，是马克思共同体价值所倡导的生产关系。而生产关系决定了在社会关系内部存在着个人利益与集体利益甚至是国家利益的冲突，这种多元的社会关系的合力作用产生了对自然和社会发展的占有方式与生产力。马克思共同体思想否证了旧国家学说的基础——私有制，关照了人的类存在的具体形式，可以实现一切个体的自由以及各个个体的自由联合。这就为新生的共和国提供了辩证唯物主义的思维方式，取而代之的是两个端点各择其一的形而上学思维方式。在《论十大关系》中，毛泽东指出："生产力和生产关系的矛盾，阶级之间的矛盾，新旧之间的矛盾，由于这些矛盾的发展，推动了社会的前进，推动了新旧社会的代谢。"注重"国家集体和个人"的价值位序就是提倡一种新的社会关系，在生产力落后的建国伊始，借鉴了苏联的计划经济模式，集中个体力量办大事强化了国家共同体的经济职能，通过计划调节物质资料和人力财力的分配。在中华民族"大杂居小聚集"的民族共同体中赋予了社会主义国家平等、团结、互助、和谐的价值关系。"中华民族命运共同体"涉及的是民族间的内部关系，而社会主义国家制度不仅保证了民族内部有重要的民族平等的民族区域自治制度，更要将其放在马克思共同体思想的原则高度上来审视。

马克思在《哥达纲领批判》中提到，在资本主义向共产主义的转变时期，无产阶级专政的国家与资本主义虚假共同体国家显然是不同的，主要体现在阶级对立的逐步消灭。对于巴黎公社采取用联合起来的合作社，有计划调节生产的尝试，以消灭阶级对立的做法，马克思给予了高度评价。中国共产党以马克思主义中国化第一次历史性飞跃的理论成果毛泽东思想为指导，集中聚焦了这一以建国、立国为主要历史使命的重大主题凝聚而成了以无产阶级专政、人民民主专政、计划经济、公有制、阶级斗争等为主要研究问题域的文化氛围。基于改变旧世界充斥着阶级压迫的落后面貌，我们党坚决践行马克思共同体思想的价值取向，创新性地提出了社会主义改造的理论，使一个曾经因军阀割据和帝国主义侵略而四分五裂的旧中国，变成了城乡合作社基层组织健全，管理日臻完善而具有强大凝聚力的社会主义新中国。同时，在国际交往中提出和平共处五项原则的倡议和三个世界的时局判断，充分彰显了马克思共同体思想平等互利对待不同国家和民族的人类情怀。然而，关于马克思共同体思想中，自由人联合体的状态没有阶级的理论却被严重误读了。主要表现在忽略了生产力的高度发展是阶级消灭的前提；忽略了达到消灭私有制的条件是要在资本主义时代创造的成就的基础之上的唯物史观；忽略了全民公有制的合作社经济和阶级斗争在实践中被无限放大的极"左"偏差，以至于发生了阶级斗争至上论和生产关系绝对化的"文化大革命"，这一教训是要深刻总结和反省的。

二、改革开放：铸牢"中华民族命运共同体"

马克思共同体思想为处于社会主义初级阶段的中国发展提供了通过扩大共同体交往实践，跨越式发展的历史眼光。马克思在考察发展问题时认为"一个民族本身的整个内部结构都将取决于它的生产以及内部和外部的交往的发展程度"。为了研究资本主义的起源问题，马克思专门以发展"静止的社会"亚细亚共同体为考察目标，指出要打破发展的停滞状态就需要借助外力抑或是内部的变革，通过不同于资本主义发展的方式走向通往"自由人联合体"。当今中国的改革开放把社会主义现代化、市场化纳入世界发展的时代洪流，这就意味着在马克思眼中曾经代表落后、封闭的"木乃伊""活化石"——中华民族，走进了世界历史的进程且不必亦步亦趋地沿着发达国家的历史道路走下去，可以自觉地跟上时代在世界生产方式的矛盾运动中缩短自身发展的矛盾解决历程。改革开放以来，伴随着深度的"社会转型"（social transformation），我国融入世界性的交往，却也面临着资本主义主导资本全球化的不平等关系。此时，发展社会主义市场经济是中国与世界联系的起点，改革开放、社会主义现代化这两个重大的建设决策被置于世界性的普遍交往之中。同时也意味着现代化、市场化两重社会主义改革任务浓缩在同一历史时空，如何在国际交往中既保持社会主义本色又能达成合作共赢的非零和博弈局面事关中华民族命运共同体的兴亡。鉴此，要从马克思共同体思想的出发点"现实的人"的生存状况和社会关系结构中，思考关于改革开放格局中"中华民族命运共同体"在世界交往中的多元文化并存与世界多极化趋势的挑战。这意味着铸牢"中华民族命运共同体"意识的探究不再满足于价值原则的揭示，而要求寻求和夯实中华民族屹立于世界之林的立足点。致力于实现中华民族命运共同体与人类在共同体意义上的包容和互鉴，主要涉及三个问题。

首先，马克思共同体思想指出了资本导致的全球化时代交往的世界性，必须处理好马克思共同体中理想性与现实性这两个维度之间的关系，从而为正确认识和处理中国在交往和发展中的重大关系问题提供了创新的根据。马克思共同体思想涉及现实政治生活的内容，从属于理想性目标，应基于社会主义初级阶段的最大实际，予以创新发展。把握两个开放格局：面向世界的外部开放，形成了全方位、多层次、多领域的开放格局，以"一带一路"合作方式推动人类命运共同体的建构；面向国内的开放，中国社会发展历经改革开放初期以经济发展为中心，逐步树立了以人为本的科学发展观，构建社会主义和谐社会的创新以及以中国梦为纽带的中华民族命运共同体。社会主义核心价值观集中体现了发展问题上如何正确认识和处理处理自身与世界的关系。在提出建设社会主义和谐社会的构想之后又深化了社会主义社会建设的总布局，提出了统筹推进政治、经济、文化、社会、生态"五位一体"的国家治理的总体布局以及协调推进全面建成小康社会、全面深化改革、全面依法治国、全面从严治党的"四个全面"的战略布局。其中，构建社会主义和谐社会与构建人类命运共同体的方案，体现了马克思共同体思想在中国发展一以贯之、内外一致的人文关怀。"构建"是强调主体性的实践，"和谐社会"和"人类命运共同体"则是理想性的目标；"统筹推进"和"协调推进"既强调了发展的主体性又彰显了方法论的科学性。联系国内语境，中华民族命运共同体的建设不能仅仅以政府为主体，必须培育公民意识，建设有序、理性、文明、稳定的公民社会、和谐社会；联系国外语境，构建人类命运共同体同样也不能仅仅以某个大国意志为主体，必须培育起人类主体意识，建设持久和平、互利共赢、平等安全的国际交往环境。显然，从现实生活考虑，理想性建构与现实矛盾之间的张力和冲突，总是在实践的发展中得到解决的，在"建构"意义上、"推进"意义上体现马克思共同体思想的当代价值。

其次，马克思共同体思想为中国特色社会主义在转型期的发展实践，提供了党的领导、人民当家做主、依法治国三者有机统一的中国特色社会主义制度发展框架。在改革开放的伟大进程中，"转型社会"（transforming society）带来了社会结构性调整，价值观冲突在所难免，社会发展的非稳定性、差异性日益显著。毫无疑问，马克思共同体思想提倡共同体的利益代表的普遍性，就是说反对资本主义虚假共同体内部统治阶层与市民社会的分裂，而人民主体性就是强调无产阶级执政党没有自身特殊利益，与人民的利益是一致的。因而，人民当家做主的本质规定就是人民主体性，人民主体性不仅决定了社会主义国家不同于资本主义国家的基本属性，而且突出了共产党执政的合法性来源于人民民主和法制的制度。执政合法性即体现了执政党建立的政治秩序的正当性与合理性，它是统一公民与国家意志的桥梁。执政党作为国家共同体秩序的建立者，其合法性意义在于体现了连接人民和国家共同体的纽带。因此，中华民族命运共同体是党的领导、人民当家做主和依法治国的有机统一体，更是新时代共同铸牢以习近平同志为核心中华民族命运共同体的同心圆。

最后，马克思共同体思想促进了我国对社会主义本质的共同性反思，释放了私有制与资本主义制度绑定、公有制与社会主义制度绑定的固化理解，建立社会主义市场经济体制开创了对共同性的占有模式的新发展。根据马克思的观点，"工业以至于整个财富领域对政治领域的关系，是现代主要问题之一"，而从共同体的立场看，私有制存在的社会把作为"类存在物"的人相连接的纽带转换成了私人利益。如此一来，现代国家本质上不能承担起全部共同性的人类利益，加上西方民主政治强势的话语霸权已是不争的事实，资本逻辑操控下的消费主义，是财富领域对政治领域的侵蚀。因此，处于国家阶段的共同体要尊重各个个体，一则，要制定人民民主的制度保障，"防止国家和国家机关由社会公仆变为社会主人"。从党的七大上毛泽东提出"全心全意地为人民服务"的宗旨，到确立以人为本的科学发展观，再到以习近平同志为核心的党中央确立新时代以人民为中心的发展思想，几代领导集体都致力于把马克思共同体思想的属人本质转化为符合中国现状的路线方针政策，融入了执政党执政为民的治国理政方略，凝聚了全国人民民心所向的最大公约数。二则，要发挥社会主义国家共同体的制度红利保障公平正义的生产关系，以更先进更高效的比较优势探索构建社会主义民主的公共服务型政府与国家治理模式。着力解决精准扶贫、教育公平、食品安全等民心所向的问题，构建人人免于匮乏、获得发展机遇、共享有尊严的生活的中华民族命运共同体。马克思共同体思想认为国家是"政治共同体"在世界历史的趋势中随着资本的扩张必将走向消亡的暂时性历史存在，鉴此，国家治理的本然和应然的发展思路就是马克思说的"任何解放都是使人的世界和人的关系回归于人自身"。尤其是以实践马克思共同体思想为己任的社会主义中国，不仅要考虑社会的均衡发展，同时更应强调马克思共同体思想所倡导的价值理念，即扬弃狭隘的地域国家局限，中国的发展离不开世界。

　　然而，当今世界是信息文明的新时代，信息的即时与共享不断创构着新的人类交往，虚拟交往实现了跨时空、跨领域的信息流与大数据的全球化，从而释放出了人类的共同体力量，释放出新型文明的能量，却也暴露出价值观的网络输出的最大变量性问题以及同质化、阵地化的特征。因此，习近平总书记明确指出，"网络已是当前意识形态斗争的最前沿"，而价值观斗争的背后反映的恰恰是物质利益。马克思曾经指出："'思想'一旦离开'利益'，就一定会使自己出丑"，国家的主导价值观，实际上反映的是一种发展的理念。而在物质利益问题上，马克思共同体思想提倡社会财富的共享，反对统治阶级独享发展的成果。自党的十八届五中全会提出五大发展理念（创新、协调、绿色、开放、共享）以来，这一发展理念无疑体现马克思"自由人的联合体"构想的现代意蕴，在发展理念由低级到高级、从不均衡到均衡的辩证思维进程中可以看到发展中的中国在处理人与自然、人与人、人与社会关系上的认识的不断深化。我国的崛起是和平的，作为当今世界最大新兴市场的第二大经济体，我国带给世界的发展理念无疑是科学的，体现了马克思共同体价值观倡导的全人类利益立场，为全世界包容性增长、均衡性发展、以及可持续发展提供了"人类命运共同体意识"。社会进步的同时，基于马克思共同体思想的价值取向，我国于内提出："社会主义核心价值观是当代中国精神的集中体现，凝结着全体人民共同的价值追求。"社会主义核心价值观铸就了中华民族命运共同体的共同价值，国家层面、社会层面和个人层面的社会主义核心价值观充分涌动和落实，中华民族的兴盛集中体现为人民的美好生活的实现程度。以"中国梦"为中华民族命运共同体的链接纽带，使得 56 个不同民族的人民心系中华民族共同体。也只有铸牢中华民族命运共同体才能在国际交往中起到率先垂范的作用。诚如党的十九大报告提出的"中国共产党始终把为人类做出新的更大的贡献作为自己的使命"；社会主义核心价值观投射到国际交往领域体现了鲜明的马克思共同体思想的价值取向。

三、新时代：构建人类命运共同体

马克思共同体思想在中国的发展，最重要的理论成果是提出了构建"人类命运共同体"的命题。马克思共同体思想的精神实质为"人类命运共同体"的建构提供了生产力发展，人的发展在共同体的进步和扬弃中实现的历史眼光和人类社会由低级向高级发展的规律的研究成果。共同体的性质是马克思考察社会发展程度的一个标尺，用以说明人类社会走向和谐的历史发展进程。因此，马克思共同体思想在本质上涵盖了社会生产关系和特定历史阶段的共同体。以习近平同志为核心的党中央提出的"构建命运共同体"体现的是马克思共同体思想的共生理念、和谐关系理念，以及中国优秀传统文化所反映的"和"文化、义利观。这个方案是由"一球两制"的国际交往现状所决定的，人类命运共同体更多地表达了对人类社会发展现状的唯物史观的价值立场，是马克思共同体思想在当代的发展创新，而绝对不能混同。马克思曾在《资本论》第一卷中，批判资本主义虚假共同体中劳动力市场双方：资本家和工人的利己心，并提出克服利己心的方案，即超克资本主义虚假共同体。然而，在"两个绝不会"条件的当下，欲达成克服国际交往的功利主义现象必须首先明确区分"马克思共同体思想"与"人类命运共同体"所表达的问题意识和发展阶段，否则就会重蹈"大跃进"的覆辙。当今时代，"世界正处于大发展大变革大调整时期，和平与发展仍然是时代主题"。国际交往日益频仍却又遭遇了前所未有的发展危机，即生态危机、战争危机、文明冲突、霸权主义等；国际形势整体性特征日益明显却又陷入诸多利益攸关方难以协调统一的全球治理困境，马克思共同体思想的"类意识"与"人类命运共同体意识"的耦合之处，为21世纪的中国处理新型国际关系提供了前瞻性指导。这种基于"类意识"的人类命运共同体意识将全人类的共生、共存纳入各个民族国家在地理空间上和谐共存的空间共同体，联结的物质承担者是人类共同拥有地球；全人类经济、政治、文化、社会、生态的发展共荣辱的人类文明共同体，人类共同生存和发展的客观现实需求成为共同体联结的纽带。同时，也要认识到现阶段不论是处在何种发展阶段的国家和地区，都是人类命运共同体的组成部分，而马克思共同体思想指向的是人类获得自由全面发展的未来。因此，要看到多元一体的客观存在的人类命运共同体的现实性是由不同历史和文化背景民族的国家，共同构成人类命运共同体的矛盾统一体。所有共同体成员均处于共同生存、发展的格局中，既有自身利益和需求的自洽性和独立自主性，还有彼此交往的互洽性和相互依赖性。

其一，"坚持和平发展道路，推动构建人类命运共同体"，包含共同价值和共同利益两个重要元素。

人类、命运、共同体三个概念的统一联合体现了一种战略性思维。"人类"意喻将全人类作为当代全球治理体系的价值目标；"命运"意喻为在历史与现实、生存与发展的关系中寻求构建基于关乎人类整体命运的新型合作关系，建构互相信任与互相依托的共同体联结纽带；"共同体"意喻人类共同的家园。而存在于各种复杂交错的关系之中的"人类命运共同体"的构建所依托的正是基于共同利益、共同价值的国家间的合作共处。因此，三个关键词的核心是"共"字。这样的共同体既体现于多极化矛盾与冲突的现实之中，也存在于构建与分化的博弈过程之中，由此引发了新时代条件下马克思共同体思想中的核心问题"个体"与"共同体"的关系问题的重新审视，即如何从新时代的理论和实践上挖掘这一关系范畴新的内在联系？要从人类共同问题意识出发，探析共同的规律、人类共同的价值取向、人类命运共同的根基；要站在人类命运共同体的高度，打造以合作共赢为核心的新型国际关系，回答在新时代怎样处理"个体"与"共同体"的关系问题，为世界的和平与发展贡献马克思主义中国化的哲学智慧。在以往的国际交往中，国际间的合作从未曾有过"人类命运共同体意识"，更多的是代表阶级利益、民族利益、国家利益等的群体利益。世界体系不平等、多极化趋势中的单边主义和霸权现象、经济全球化发展不均衡等问题，加上利益分化的各个国家主体私利，对立、冲突甚至战争都是在所难免的。因此，共同价值是人类命运共同体建构的必要前提，且共同价值的共识与共同利益的维护对于共同体的建构具有联结纽带的现实意义，二者相辅相成。各个民族国家个体与人类总体意义的共同体之间既互相分离又内在相关的辩证关系，经济、政治、文化、社会、生态五位一体间的格局既互相分离又互相依赖的系统关系，使得各个部分既在一定程度上构成一个整体性的系统，又在某种程度上截然迥异甚至对立。"人类命运共同体"在建构的思想层面面临着地缘种族、文化心理、思维方式和意识形态等的隔膜，各个国家、各个民族的价值原则既要寻求某种一致性的共同价值，或者至少不发生尖锐冲突，又要在在文明多样性的基础上包容互鉴和互相尊重。而个体间的利己性和文化异质的排他性又使得各个国家、各个民族的价值冲突不可避免而有可能导致共同体的分化。因此，寻求价值理念的共同性才能构建起人类命运共同体的精神层面纽带。在第七十届联合国大会上，习近平总书记提出人类的六大共同价值："和平、发展、公平、正义、民主、自由"，这六大"共同价值"与西方社会提出的"普世价值"形成了鲜明的对比。价值多元并存、文明形态多样的多彩世界，是将某个或某些国家单方面认可的特殊价值打造成"普世价值观"，还是推动全人类共同价值观的共识？这一问题的答案诚如马克思当年批判普鲁士政府的书报检查令时所言，千姿百态的世界，包容了玫瑰花和紫罗兰各自的芳香，而又怎能命令精神这世界上最丰富的东西只能有一种存在形式？所谓"普世价值"，实际上体现了西方话语体系在资本逻辑运行下价值观的霸权，只是西方文明的特殊价值，极力维护西方中心论的意识形态霸权，妄图使世界各国陷入普世价值的舆论引导，而认同资本主义在全球的霸权。

基于马克思共同体思想的价值立场，我们党把寻求共赢作为推动人类命运共同体融合的动力与起点，马克思共同体思想的本质内涵指向的是世界前途和命运应该由人类共同掌握。西方发达国家坚持的霸权主义和单边主义都不是人类命运共同体意义上的合作方式。世界人民的前途命运不应该是亨廷顿看到的"文明冲突"，也不是海德格尔预言的无家可归状态，而应该是在不以国家制度、宗教信仰、政治制度、语言文字、风俗习惯和意识形态划界，也不分种族、国家、信仰的人的类本质意义上的联合。构建人类命运共同体理念所秉承的立场是马克思共同体思想上的"自由人联合体"立场，而不是立足于冷战思维的霸主利益上，通过构建新时代的人类命运共同体来平衡各个民族国家的利益分歧，主张要把所有国家的发展都纳入人类命运攸关的共同体中加以考虑，而且是从战略上为人类谋划长远利益与现实利益以及矛盾的平衡与互利共赢，推动解决人类共同面临的气候问题、能源问题、战争等问题朝着公平、公正、合理的方向解决。

其二，马克思共同体思想为"人类命运共同体"的建构提供了应对逆全球化思潮的中国智慧。

当今世界，冷战思维、结盟对抗、退出或分裂国际组织都体现了以争当全球霸主为思维方式，以零和博弈为思维方式的逆全球化思潮。全球化过程的矛盾、对立，与发展的不平衡性、国际交往的复杂性有直接的关系。一方面，西方资本主义发达国家要维护自身利益和国际中心的地位；另一方面，发展中国家要反抗这种不平等的支配权利，同时也要实现自身的现代化。按照《世界人权宣言》，只有在创造了人类共同享有的公民权利条件下，才能实现免于核威胁、局部地区战争，南北差距等危机。"构建人类命运共同体"写入联合国的人权决议，体现了世界人民打破丛林法则的国际秩序安排，建立合理的国际新秩序的共同意愿。然而，"公民权成为一个全球性的问题，关于人类共同生存及其生态环境的意识大大增强，而文明的冲突和逆全球化运动也越来越醒目"，追求利益最大化的资本逻辑与全球化发展人类普遍利益之间的不协调，正是目前世界最具危机性却又难以革新的困境。从世界范围来看，在资本逻辑引发的全球化博弈中，利益的分化与重组使得"逆全球化"力量成为全球化新的特征，表现为贸易保护主义、地区冲突频发，恐怖主义暴力威胁、贫困、失业人口增多、难民潮等全球性分化现象。资源全球配置的资源共享性给各国经济发展带来了一定利益，但是，全球范围内部却存在南北差距的日益扩大，加剧了发达国家在全球治理中裹挟着不公平治理规则的行径。发达资本主义国家通过经济垄断实现对世界的操控，带来了资源掠夺隐秘性问题以及全球治理体系的失衡，进而遏制了发展中国家的现代化进程。看似逆全球化的分化举措实际上是资本全球化时代利益自保的自然反应，导致了世界范围的贫富两极分化、虚拟经济膨胀、移民潮现象等严重问题。构建人类命运共同体的提出，是应对现代性危机的复杂性、寻求全球化问题的解决对策的中国智慧和方案。

　　站在马克思共同体思想的价值立场，应该认识到世界发展需要立足"人类"整体的高度、通力协作，协和万邦，才能共赢。所谓主体就是既是历史中活动的剧中人又是剧作者的"社会化的人类"，因此，"维护世界和平，促进共同发展"，即是新时代马克思共同体思想所体现的价值立场。基于这一立场，中国致力于为变革全球治理体系提供中国方案、中国智慧以及有中国特色的大国外交。在马克思的文本里，他分析过各种所有制形式的形成、发展和更替，都引发了共同体形式的改变，形成了新的社会关系以及共同体联结的纽带。马克思观察到："民族大迁徙后的时期到处可见的一件事实，即奴隶成了主人，征服者很快就接受了被征服民族的语言、教育和风俗。"反观源自15世纪末以来的资本扩张，正是导致旧式的分工体系在国际市场上大行其道的根源，从殖民时期的殖民体系，到自由竞争资本主义时期所谓的文明国家与落后国家差别，再到雅尔塔体系，发展至"中心"与"外围"的世界体系。资本扩张主导的全球化必然使得全球治理的国际规则、发展成果体现为弱肉强食的世界格局新的分化。必须深刻认识资本主义主导的全球化，在经济发展、科学技术等方面居于优势地位的客观现实。构建合理的国际新秩序是新时代世界格局多极化趋势的时代诉求。以马克思主义为指导思想的当代中国，倡导从世界历史的高度、马克思共同体思想的立意高度思考解决当今世界发展所面临的重大问题是应有之义。20世纪，人类历经两次世界大战，在反思战争的过程中获得了来之不易的和平与发展时代；物本的发展方式使人类亲历了环境恶化、资源耗竭、疾病、自然灾害频发等的危机，结成命运共同体势在必行。"构建人类命运共同体"的中国方案承载着世界历史发展到当代，面对现代性危机的历史责任，承载着对马克思共同体思想发展的价值追求，不仅是一个各民族国家联合起来反对冷战思维、强权政治、霸权主义等逆全球化的历史过程，同时也是一个各民族国家联合起来倡导和平、合作、共赢发展的现实过程。

马克思在《共产党宣言》中提出世界历史的"三个从属于"，即："正像它使农村从属于城市一样，它使未开化和半开化的国家从属于文明的国家，使农民的民族从属于资产阶级的民族，使东方从属于西方。"依附论的代表人物阿明在《不平等的发展》中，弗兰克在《资本主义和拉丁美洲的不发达》中都指出了，不发达国家对于发达国家的依附不单单是指经济上的依附，尤为令人警醒的是依附反映的是不平等的关系，几乎涉及政治、经济、文化等各个方面。依附论为中国的发展敲响了警钟，面对我国的最大国情：长期处于社会主义初级阶段，改革开放带来的风险是必然的，这一点必须要保持足够的清醒认识。深刻理解马克思共同体思想为恰当地应对这一时代课题的挑战提供了两条思路。第一，坚持在国际关系中倡导和弘扬马克思共同体思想主导的个体间的相互成就、公平正义、包容互鉴、平等互信、互利共赢精神；第二，既要学习和借鉴他国的文明成果，又要坚决反对逆全球化思潮，推动国家间、国际组织关系向民主化、法治化、合理化方向发展；推动联合国的多边平台在全球治理中发挥更大的作用。概括地说，我国将"坚持推动构建人类命运共同体……始终做世界和平的建设者、全球发展的贡献者、国际秩序的维护者"。

其三，中国首倡推动"构建人类命运共同体"和"一带一路"的发展规划反映了全球治理共商、共建、共享原则的核心理念的中国智慧。

以儒释道哲学思想为主流的中华优秀传统文化，具有典型的"和"文化思维特征，与马克思共同体思想的"类"思维具有文化的融通性。从发展哲学的视阈审视，优秀传统文化的创造性转化和创新性发展离不开马克思主义与时俱进的中国化理论成果的指导。2014年5月，习近平总书记在中国国际友好大会暨中国人民对外友好协会成立60周年纪念大会上指出："中国'和'文化源远流长，蕴涵着天人合一的宇宙观、协和万邦的国际观、和而不同的社会观、人心和善的道德观。""和"是中华传统文化中的核心价值之一。中华和文化源远流长，有"和为贵""德莫大于和""和而不同""万物得其和而生""和者，天地之所生也""万物负阴而抱阳冲气以为和"，等等之理。因此，在处理国际交往时，中国历来注重"协和万邦"思想。1953年12月周恩来总理在会见印度代表团时首次把中华文明的"倡和"理念运用到国际外交原则，提出和平共处五项原则。改革开放以来，继邓小平做出时代主题是"和平与发展"的历史性判断之后，又果断做出改革开放的决策。实际上，这一决策反映的正是马克思共同体思想所指向的共同体交往理论。就是说人类的发展是一个家庭—市民社会—世界历史的普遍性与特殊性统一的交往过程，一方面，任何国家都不可能孤立起来独善其身，而只能加入历史发展的洪流中携手合作、同舟共济，共同寻求医治现代性病症的国际问题；另一方面，中国作为最大的发展中国家和历史文化最为悠久的古老文明代表，实现了马克思说的跨越过资本主义"卡夫丁峡谷"，实现了和平发展，为世界带来了古老文明独有的"和文化"。2005年胡锦涛在联合国成立六十周年首脑会议上向世界提出了构建和谐世界的倡议，时隔十年，在第七十届联合国大会上，习近平发展了这一思想提出"构建人类命运共同体"的思想。构建人类命运共同体这一主题在国际社会中传达了中华民族的国际交往以实现合作共赢，增进共同利益为国际交往准则，不仅彰显了马克思共同体思想的当代价值，又体现了中国人特有的"和文化"的创造性转化和创新性发展。

纵观经济发展困境，能源、资源、粮食、人口和环境五大危机和全球治理难题等人类共同的问题，其实质是人的主体性关系的不和谐所导致的。马克思在《资本论》中曾从共同体意义上，提出联合起来的生产者发挥克服自然盲目力量的主体性，人类合理地调节与自然之间的物质变换关系的能力。这种通过"联合起来"的力量在处理人与自然的关系中，还建立起了现代人与后代人的代际整体。并且从人类长远的发展战略所追求的目标出发，强调了人作为生命体，起源并依赖于自然界，构成了自然系统的一个组成部分。党的十九大报告发展了这一思想，提出人与自然是"生命共同体"的命题，指明了人在自然面前应持"马克思共同体"思想本位上的新的生态观，即"生命共同体"思想。从发展哲学视阈审视马克思共同体思想应对生态危机的方法论，可以观测到其实践是通过对传统以片面追求物质利益的方式处理人与自然的关系的"人类中心主义"的扬弃，放弃人与自然之间孰为"中心"的生态观，形成人与自然生命与共的价值导向，从而在理论与实践上避免了争议。因此，"生命共同体"思想更加体现了"尊重自然、顺应自然、保护自然"的生态文明理念。建设环境友好型和资源节约型社会，需要国际组织的合作以应对气候变化，保护好人类赖以生存的"生命共同体"，对于发展马克思共同体思想在现阶段关于人与自然关系方面的价值观和方法论也有重大意义。

　　在全球利益分化和资本主义主导的条件下，"人类中心主义"不可避免的问题在于，在各主权国家各异的前提条件下，存在不同社会制度，发展程度和文明形态也各有不同，特殊的国家利益和群体利益发生冲突时不可避免地有局部利益保护行为，甚至是损人利己的，在这种利益观指导下的各主权国家以及群体所关注的必定不是人类的可持续发展，而是拘囿于眼前的经济利益上。与之相反，"人类命运共同体"在建构成果层面具备这样几个机制：第一，合作安全共商机制，建立兼顾各方利益和关切、体现文明的互促的国际组织，在各国共同参与、集思广益中发挥各方优势和潜能，建立责任共同体；第二，发展成果共享机制，作为反映中国智慧的互利共赢建构理念，强调人类在风险、利益、治理等的命运与共问题上的责任担当、成果互鉴，是高于、超于并整合于单一的民族利益的，旨在寻求国际交往的利益契合点、公平合作规则以及国际社会的公益，有必要建立起新的发展成果共享机制达成国际治理的利益共同体；第三，和谐相处共建机制，国际规则的制定权取决于全球治理和谐相处机制，必须由所有参与治理各方共同参与规则制定一个享有平等话语权的，体现物质、精神、政治的文明共同体。通过"共商共建共享"的全球治理观，推动人类命运共同体建构的起点和基础就在于形成"共商"协调系统机制，科学"共建"平衡系统机制，普惠"共享"动力系统机制，坚持在扩大"共商""共识"的基础上，推动人类命运共同体意识发展，在战略对接的基础上致力于人类命运共同体的"共建""共享"，三大方面的良性运作使"人类命运共同体"在世界范围的人类共同建构意义上，作为责任共同体、利益共同体与文明共同体的统一而共同推动。

其四，"人类命运共同体"所联结的是国家、民族与世界的互动关系，所呈现是个性与共性的关系，体现了马克思共同体思想的人类主体精神。

发展的视阈是马克思分析共同体问题的独特视角，马克思研究共同体的现实性是政治共同体，主要是指国家；马克思研究共同体的超越性是国家消亡了的"自由人联合体"。因此，马克思为之架构了理想和现实之间的桥梁，即马克思的世界历史思想。"人类命运共同体"概念的提出，在全球化已经超越了经济意义的当代，一个历史发展新节点上与马克思在一个多世纪之前所论述的共同体思想不仅有着密切关联还有着明确的区别。在创立唯物史观的过程中，马克思对"前资本主义自然共同体""资本主义虚假共同体"和自由人联合体意义上的"真正共同体"进行分析，抓住了共同体本质的阶级问题、私有制问题、特殊利益与普遍利益的关系问题。而"人类命运共同体"仅仅是马克思共同体思想在当代的创新性发展，也包含了中国智慧对世界历史趋势的创新性贡献，距离马克思共同体思想的彼岸——消灭阶级分化、私有制等，还有相当长的历史。鉴此，推动"人类命运共同体"的构建既是一个马克思主义理论发展的问题，更是一个全球化时代每个民族国家都要应对资本现代性危机的现实问题，具有现实性、前瞻性和针对性。

检视资本主义开辟的全球化进程可以观察到，人类内部的分裂与对立始终有一个"你中有我，我中有你"的现象，即世界上任何国家所面临的生存与发展问题，都将取决于所有国家的团结与整合，因此，全球化运动的最终目标是马克思共同体思想的最高价值旨归——"自由人联合体"。我国以"一带一路"的实践，践行了主权平等、协商合作、互利共赢的义利观，通过融入全球化的过程，可以看到地域和文化的差异，"人类"这个抽象的概念在全球化的交往中已经成为具体的经验事实。马克思共同体思想不仅为中国的发展提供了选择现代化道路的缘由，而且也为全人类携手进入"人类命运共同体"的新时代或者说世界发展一体化提供了思路。当今世界，要平衡200多个国家和地区、2500多个民族，并体现在马克思共同体思想意义上的"和"，首先面对的是具有不同的历史、国情、文化、习俗等的不同文明，何以实现"事之所宜，合作共赢"的问题。"人类命运共同体"的核心思想是人类主体论，让人类主体共享文明发展的成果。"人类命运共同体"思想来源于马克思共同体思想、中国优秀的传统文化智慧。这一伟大的思想付诸实践，是基于人类的共同利益的共识，也体现了古老的中华文化的开示意义。不论是"一带一路"倡议还是人类命运共同体的推动，都倡导和平发展理念，树立正确的义利观。（1）"义利相兼、以义为先"。我国提出欢迎搭乘中国发展的"顺风车"，意在实行以义为原则，构筑国际交往的和谐关系。国家个体在国际间的经贸往来及其交互关系之中不存在任何霸权主义和强权政治，最终实现互利和共赢。这种合作共赢的利益观向国际社会传达了把本国人民利益和世界各国人民的共同利益联结一起，兼顾互利原则的共同发展观。习近平总书记在很多次讲话中都表达了各国人民要树立命运共同体意识的倡议，并警醒全球化时代义利观要明确"一荣俱荣、一损俱损"的连带效应。（2）"不义之利，不苟得"。"一带一路"惠及沿线诸国和地区且向全世界传达了发展机遇共享的福祉。习近平总书记指出，中国发展得益于国际社会，也要回馈于国际社会。（3）"利者，义之和也"。特别是在义利观上，倡导人与人之间在物质利益的往来上恰到"中"的相和，即为最适宜的"和利"之道。就是说，损人利己不为和。子曰："君子和而不同，小人同而不和。"这句话用来解读在推动"人类命运共同体"背景下的义利观是恰如其分的。可见，马克思共同体思想为中国的发展指引了符合人类整体利益的发展方向，契合了中国优秀的传统"和"文化，为新时代中国能够在国际上贡献中国智慧——推动"人类命运共同体"建构，这一马克思主义在中国发展的最新理论成果提供了思想先导，争取了话语权。将中国智慧作为构建"人类命运共同体"的文化根基，更多体现在战略思维层次和方法论层次，不是"非我族类其心必异"的排他性质，而是非零和博弈的合他性质。在当今世界，存在着贫富差距日益拉大、经济持续低迷以及恐怖主义、地区动荡、生态危机等关乎人类命运的乱象。旧有的全球治理体系已明显不适应新时代的要求，而作为西方发达资本主义国家代表的美国，秉持殖民思维，公然奉行"美国优先"政策，把格局囿于领土国家的地域视界，推行霸权主义、强权政治。而建构人类命运共同体的主张则是从人类的整体利益和价值出发，在国与国关系中寻找"最大公约数"。中国作为第二经济大国，努力为人类命运探索全球治理的新模式，制定公正合理的中国方案，推动全球治理体系朝着公平公正、求同存异、互惠互利的方向发展。建构人类命运共同体的世界意义和文化价值，不是简单的"形而上"，而是"形而下"的。"一带一路"倡议、亚洲基础设施投资银行的建立，都是中国方案在实践过程中独具有效性的体现，符合各国的利益诉求，增进中国同各国利益汇合点。中国接下来应以"一带一路"为抓手，进而全方位探索全球治理的新模式。中国参与全球治理体系建设，努力在完善全球治理中贡献自己的智慧，建构人类命运共同体，引领全球治理体系变革向着有利于提升新兴市场和发展中国家话语权的方向发展，最终真正构建起合理、公正、公平的全球治理体系新架构，为中华民族伟大复兴创造和平发展的外部环境。提出构建人类命运共同体，表明我国以更加自信的面貌走向国际舞台中央。这一方面源于中华文化的比较优势。中华文化本身具有海纳百川、有容乃大的气度。自马克思主义传入中国以来中华民族对传统文化进行了扬弃，在对人类社会发展规律深化研究的前提下，提倡国际社会的整体性和包容性以及多元主体的广泛参与、协商共进、互鉴学习。中国有文化自信，提出"共享人类创新成果""合作共赢的新型国际关系"等具有中国作风、中国气派的中国化的马克思主义理念。另一方面，源于我们坚持和发展中国特色社会主义所取得的伟大成就。改革开放 40 年，我国取得了举世瞩目的成就，成为世界经济增长的主要引擎，国际影响力不断增强，构建人类命运共同体的中国方案得到了越来越多国家的接受。构建人类命运共同体是顺应国内外大环境、顺应时代发展应运而生的中国智慧、中国理论和中国方案。

四、未来可期：通往自由之路

论及人类对美好生活的向往，首先遇到的第一个历史前提正如马克思恩格斯所言"这个前提是：人们为了能够'创造历史'必须能够生活。但是为了生活，首先就需要吃喝住穿以及其他一些东西"。由古至今人类创造了丰厚的物质文明和精神文明，人类的共同体实践从"人的依赖关系"时期发展到"物的依赖关系"时期，一步一步告别了饥馑和荒蛮，实现了人的预期寿命、生活质量等的步步提升。但是，在现实上，马克思曾看到资本主义虚假共同体中的成员"不是作为个人而是作为阶级的成员处于这种共同关系中的"。也就是说社会财富的创造者与享有者是分离的。究其实质，马克思恩格斯从唯物主义历史观出发，在《共产党宣言》中一方面明确指出了人类历史要走向世界历史的趋势，人类在资本主义虚假共同体阶段创造了丰厚文明成果，为建立真正共同体："自由人的联合体"的社会理想提供了孕育生产力发展的母腹；另一方面，马克思举起了人类解放的旗帜，把"每个人的自由发展"看作是一切人的自由发展的条件。当今时代，"世界正处于大发展大变革大调整时期，和平与发展仍然是时代主题"①。我国的改革开放也已走过 40 年春秋，现阶段世界多极化发展趋势和现代性危机背景下，新时代的开放格局不可囿于市场、资源等的开放，建构人类命运共同体将不仅为我国亦为全世界打开互利共赢、共享发展的宽阔格局，同时亦为人类认识自身，进而把握自身的前途与命运，建立"共同家园"的归属感和认同感提供了逻辑诉求和根本视界。一则，要通过缔结人类命运共同体建构的纽带："共同价值"，以增进共识，促进沟通，弥合分歧；二则，培育人类命运共同体建构的思维方式："人类主体"，以促成人类社会风险与责任的主体担当；三则，致力于实现人类命运共同体建构的总体目标：美好生活。故此，人类命运共同体建构是马克思关于"人的本质是人真正的共同体"思想的应有之义，也是反对资本主义虚假共同体在国际交往中不合理的结盟规则、价值泛化的有力武器。

（一）缔结人类命运共同体建构的纽带："共同价值"

2017 年 12 月 1 日，习近平总书记在北京与来自世界各地 300 多个政党和政治组织领导人参会的世界政党大会上，发表了"携手建设更加美好的世界"的主旨讲话并指出："人类面临的全球性问题数量之多、规模之大、程度之深前所未有。……面对这种局势，人类有两种选择：一种是，人们为了争权夺利恶性竞争兵戎相见，这很可能带来灾难性危机。另一种是，人们顺应时代发展潮流，齐心协力应对挑战，开展全球性协作，这就将为构建人类命运共同体创造

---

① 决胜全面建成小康社会 夺取新时代中国特色社会主义伟大胜利——在中国共产党第十九次全国代表大会报告 [M]．北京：人民出版社．2017：58．

有利条件。"① 中国特色社会主义进入"新时代"的判断，是以习近平同志为核心的党中央在中共十九大报告中做出的我国发展新的历史方位判断以及关系全局的战略定位。习近平同志提出的"推动人类命运共同体建构"课题，迫切需要紧密联系当代中国具体实际和国际语境研究人类命运共同体建构的关键环节：人类命运共同体纽带"共同价值"。

鉴此，作为"人类命运共同体"思想的倡导国，自身内部要实现完整、统一、强大的联合，才能在国际上拥有话语权和说服力。改革开放40年的发展历程表明，"我国社会主要矛盾已经转化为人民日益增长的美好生活需要和不平衡不充分的发展之间的矛盾"②。一方面，马克思主义中国化为我国现代化转型提供了动力引擎，产生了以中国特色社会主义理论体系为向心力的民族精神共同体；另一方面，中国共产党代表广大人民群众根本利益提出了"人民为中心"的发展思想，成为联结党心民意的团结纽带，为以中国梦为理想目标的中国特色社会主义道路提供了建设主体。形成了中华民族内部的以共同价值为共同体建构纽带、人民主体为共同体建构核心的有机统一。

放眼世界，全球化的发展，呈现了多元民族与多边地域、现实世界与虚拟世界的世界交往，人们或从"世界是平的"视域，跨地域、跨时空地审视和理解资本、气候、技术、市场、环境等波诡云

---

① 携手建设更加美好的世界——在中国共产党与世界政党高层对话会上的主旨讲话 [EB/OL]. 人民网，2017 – 12 – 02.

② 决胜全面建成小康社会 夺取新时代中国特色社会主义伟大胜利——在中国共产党第十九次全国代表大会报告 [M]. 北京：人民出版社，2017：11.

谲的国际风云变幻；或推行霸权主义、强权政治干预世界历史发展的多极化趋势。我们党的最高领导人习近平以"共同价值"为突破口，在当今世界多元主体、多元价值立场的变局中寻求不变的价值共识，并于第七十届联合国大会上旗帜鲜明地提出了"和平、发展、公平、正义、民主、自由"，是人类的六大共同价值。事实上，全世界各族人民不仅仅具有物种的一致性，更具备人的类本质的关联性。诚如美国著名学者安·邦纳对西方的人文主义特征曾做过这样的论述："全部希腊文明的出发点和对象是人，它从人的需要出发，它注意的是人的利益和进步，为了求得人的利益和进步，它同时既探索世界也探索人，通过一方探索另一方。"① 而马克思也预见了"世界文学"作为一种跨民族、跨文化、跨地域和跨语言的整体形态的诞生必然。海德格尔言述了人类"进步强制"困局，其实也从反面侧正了人类对于衣食住行等物质和精神需求的美好生活向往。这种"美好生活"的共同愿景或希冀人类文明成果"共享"的状态形成了价值共识的人本向度。当代人类命运所遇到的现代性危机，如环境能源危机、核武器威胁、人工智能挑战等，命运共同体于风险意义上可以解读为"风险共同体"。有鉴于此，呼唤人类只有达成生存危机问题上的团结联合，才能解决危机、化解冲突、消解对立，达成一致。最终形成共存基础上的互惠、合作基础上的共赢、价值共识基础上的共同价值。

---

① 鲍·季·格里戈里扬. 关于人的本质的哲学 [M]. 北京：生活·读书·新知三联书店，1984：29.

（二）培育人类命运共同体建构的思维方式："人类主体"

马克思"自由人联合体"思想，在"共同体"这一特殊的基点和意义上，消解了传统哲学的"主—客"二元对立结构，指出人类的"共同体"建构是一种对象性活动，"对象作为为了人的存在，作为人的对象性存在，同时也就是认为了他人的定在，是他同他人的人的关系，是人同人的社会关系"①。其实践过程旨在解决"人类主体"共同面对的"人类命运客体"复杂关系，最终达成个体之间的社会关系，形成了人类面向美好生活的和谐的社会存在，由此形成人类命运共同体意识。恩格斯在《自然辩证法》中提出了人类的"两个提升"："只有一个有计划地从事生产和分配的自觉的社会生产组织，才能在社会方面把人从其余的动物中提升出来，正像生产一般曾经在物种方面把人从其余的动物中提升出来一样。"② 即人类把自己从低等动物中提升出来的物种提升和人类把自己从社会关系的对抗和束缚中提升出来的社会提升。体现了人类处理人与自然、人与人以及人与社会的"共同体"生存的发展，优化人类生活的宜居环境，从而确立人类的主体地位，在面对命运攸关的生存问题时携手并进，进而提高人类的生命质量、生活水平，最终实现人的自由全面发展美好前景。

作为"人类命运共同体"的倡导国，这一中国方案体现了中国优秀传统"和"文化中所蕴含的中国智慧和时代价值。"和"本身蕴含了"礼之用，和为贵"的处事之道、"中和"人体器官与功能

---

① 马克思恩格斯文集：第 1 卷［M］．北京：人民出版社，2009：268.
② 马克思恩格斯选集：第 4 卷［M］．北京：人民出版社，2012：860.

的健康之道，以及"天下为公，协和万邦"的治理之道等。以和为美，如费孝通先生所言："各美其美、美人之美、美美与共、天下大同，"① 对构建人类命运共同体理念所倡导的人与人之间以及国家与国家之间休戚与共的正确的义利观和亲、诚、惠、容的交往理念，具有启发智慧、开辟未来的重要意义。"人类命运共同体"带着美和万邦的中国气派超越了民族国家利益的狭隘眼界，旨在培育"人类主体"的思维方式。既体现出古老文明的开示意义，又彰显了马克思世界历史思想的时代蕴意。全球化并不意味着民族国家利益、宗教信仰以及文化传统等方面的个性泯灭，这一进程裹挟着上述差异不同形式的冲突，但也应该看到超越差异个性的共性是要从全人类立场出发，兼顾多样化立场的汇集点，即人类对于美好生活的向往。这种向往承载了一代代繁衍不息的人类文明。

从哲学上看，历史的演进中社会的主体不是"现实的个人"，而是他们所属的阶级。而人类的"类本质"决定了人之为人的共同利益，现实上看人的主体形态是多元化的，多元主体如何共处，共同解决问题？主体维度的价值迥异，产生了复杂多变的价值选择，甚至价值冲突，表现为争端、战争、冷战思维的延续由此生发的价值扩张和文化霸权，至于所谓的"普世价值"就不足为奇了。鉴此，人类命运共同体建构要立足于人类社会，为突破不公平、不合理的国际秩序，为实现整体人类自我管理、自我实现使命提供了"人类主体"的平台，以开放包容、休戚与共的世界政治文明应有的民主姿态为人类的价值共识提供自主性，共存共赢提供可行性方案，是

---

① 费孝通. 费孝通文集：第14卷 [M]. 群言出版社，第195－196.

一个新的迫在眉睫的课题。

（三）实现人类命运共同体建构的价值目标：美好生活

有鉴于 20 世纪人类所经历的两次世界性战争，人类要深刻反省战争于人类命运而言是毁灭性的灾难，并从人类命运的总体利益出发，思考新时代人类如何学会作为人类主体来思考和解决人类面临的共同问题，以构筑和平、安全、稳定的人类家园。这是一个信息化和全球化条件下的人类普遍联系比以往任何一个时代都要密切的时代，生活在同一地球村的人们日益联系成为一个命运息息相关的共同体；但是，这又是一个缺乏价值共识的时代，迫切需要先进的价值理念凝聚共识。人类要摒弃意在寻求和争夺世界霸主的霸权思维和冷战思维，而应当立足于世界大发展大变革大调整的现实，将寻求"共同价值"作为人类的前途命运和世界未来的发展纽带。中国方案："人类命运共同体"写入联合国决议，载入人权理事会决议，就是对这一人类追求和平与发展的共同愿望的时代呼声的回应。世界各国应尊重并支持联合国发挥实际作用，强化国际规范和国际机制。在世界银行、联合国各组织以及国际货币基金组织、世界贸易组织内部要实行并维护具有人类命运共同体建构意义的《联合国宪章》新内容，以制度约束力和道德规范力合理规避单边主义战争行为、垄断霸权的贸易保护等行为，从而形成公平正义的国际关系准则和全球治理机制，共同创造人类的美好生活。

马克思"共同体思想"是"此在"、与"他者"展开建设性对话的内在需求，其共同体发展实践的开放性具有内在地与现实相沟通的能力、与时代的互动和沟通，主要表现在：立足于人的"此在"

状态，深入反思资本主义国家间相互掠夺的史实。他指出："我同你的社会关系，我为你的需要所进行的劳动只不过是假象，我们的相互补充，也只是一种以相互掠夺为基础的假象。"① 在马克思看来，资本主义的发展就是国家制度与人民相异化的结果，造成了人类生活的一系列危机，其中最严重的是资本主义国家在原始积累过程中地对发展相对落后的国家发动了一系列丧失人性的战争和掠夺，马克思对此做出深刻的批判。作为一种社会革新的"新哲学"，马克思主义获得了人类命运关照的现实意义。马克思在《1857—1858 年经济学手稿》中论述了资本主义社会如何在自然形成的共同体中嬗变的逻辑。资产阶级为实现本阶级的统治，把自己的利益说成普遍利益，以一种虚幻共同体的形式存在。而这种共同体的命运亦和早期自然共同体、抽象共同体一样，都会随着人类社会的进步和发展走向消亡。在真正共同体条件下，个体在共同体中将获得真正的自由。马克思的真正共同体理念既为人类命运共同体建构提供了有益启示，也反过来深化和拓展了马克思共同体思想的属人本质、发展本质，从而彰显了巨大的现实意义。美好生活源自人类主体的一种感受，不仅仅是单纯感官上的物质满足，更是一种更高心理需求层次上的满足。马克思"共同体"思想的要义在于，推动人类的发展从资本主义虚假共同体的阶级对立走向真实共同体的自由；从等级、压迫、剥削等不公平、不合理的阶级对立中下解放出来，告别人类的史前时代。党的十九大指出"我们呼吁，各国人民同心协力，构建人类命运共同体，建设持久和平、普遍安全、共同繁荣、开放包容、清

---

① 马克思恩格斯全集：第 12 卷 [M]. 北京：人民出版社，1998：139.

洁美丽的世界"①。既代表了一种新的中国方案，也体现了建构国际交往的新的合作关系。这种关系承认个体自由，也承认了每个人的自由而全面的发展权利，并为此提供了"共同体"生存与发展的条件。人类将不再受物的奴役，不再成为资本横暴的牺牲品，而是在掌握物的力量的基础上达成多元主体、多元文化的和谐共生。马克思揭开了虚幻共同体温情脉脉的面纱，提出真正的共同体就是自由人联合体。自由人联合体的前提条件是每个个人的自由发展，真正共同体是建立在生产力高度发展、消灭私有制、劳动者成为生产资料的主人、阶级对抗不复存在的基础之上的。因此，要以开放的精神建构互惠互利的合作模式，推进现阶段人类命运共同体实践，才是符合当前阶段社会历史发展进而实现自由人的联合体的必由之路。作为构建人类命运共同体的倡导国，中国要以创新、协调、绿色、开放、共享的发展理念为引领，夯实强大内部力量；要把握当今时代世界历史走向，顺应时代潮流，合理解决全球性问题，在全球治理中坚持"共商、共建、共享"新理念，以非零和博弈思维取代单边霸权思维，以合作取代对抗，以共赢取代垄断，坚持多元主体之间平等、合作、共赢，推动人类命运共同体的建构与发展。

---

① 决胜全面建成小康社会 夺取新时代中国特色社会主义伟大胜利——在中国共产党第十九次全国代表大会报告［M］. 北京：人民出版社，2017：58-59.

参考文献

（一）经典著作类

［1］马克思恩格斯选集：第 1－4 卷［M］. 北京：人民出版社，2012.

［2］马克思恩格斯文集：第 1－10 卷［M］. 北京：人民出版社，2009.

［3］马克思恩格斯全集：第 1、2、30 卷［M］. 北京：人民出版社，1995.

［4］马克思恩格斯全集：第 1、3 卷［M］. 北京：人民出版社，1956.

［5］马克思恩格斯全集：第 2、4 卷［M］. 北京：人民出版社，1965.

［6］马克思恩格斯全集：第 3 卷［M］. 北京：人民出版社，2002.

［7］马克思恩格斯全集：第 7 卷［M］. 北京：人民出版

社，1959.

　　［8］马克思恩格斯全集：第 10 卷［M］．北京：人民出版社，1998.

　　［9］马克思恩格斯全集：第 13 卷［M］．北京：人民出版社，1962.

　　［10］马克思恩格斯全集：第 17 卷［M］．北京：人民出版社，1963.

　　［11］马克思恩格斯全集：第 21 卷［M］．北京：人民出版社，1965.

　　［12］马克思恩格斯全集：第 23 卷［M］．北京：人民出版社，1972.

　　［13］马克思恩格斯全集：第 25 卷［M］．北京：人民出版社，1974.

　　［14］马克思恩格斯全集：第 27 卷［M］．北京：人民出版社，1962.

　　［15］马克思恩格斯全集：第 29 卷［M］．北京：人民出版社，1972.

　　［16］马克思恩格斯全集：第 40 卷［M］．北京：人民出版社，1982.

　　［17］马克思恩格斯全集：第 42 卷［M］．北京：人民出版社，1979.

　　［18］马克思恩格斯全集：第 46 卷（上）［M］．北京：人民出版社，1979.

［19］马克思恩格斯全集：第 44 卷［M］．北京：人民出版社，2002．

［20］马克思恩格斯全集：第 47 卷［M］．北京：人民出版社，2004．

［21］马克思．资本论：第一卷［M］．北京：人民出版社，2004．

［22］马克思．1844 年经济学哲学手稿［M］．北京：人民出版社，2000．

［23］马克思．德意志意识形态：节选本［M］．北京：人民出版社，2003．

［24］马克思．古代社会史笔记［M］．北京：人民出版社，1996．

［25］列宁：哲学笔记［M］．北京：人民出版社，1993．

［26］列宁选集：第 1-4 卷［M］．北京：人民出版社，1995．

［27］毛泽东选集：第 1-4 卷［M］．北京：人民出版社，1991．

［28］邓小平年谱：上下卷［M］．北京：中央文献出版社，2009．

［29］邓小平文选：第 1-3 卷［M］．北京：人民出版社，1994．

［30］习近平．习近平谈治国理政：第一卷［M］．北京：外文出版社，2016．

［31］习近平．决胜全面建成小康社会夺取新时代中国特色社会

主义伟大胜利——在中国共产党第十九次全国代表大会上的报告［M］．北京：人民出版社，2017．

［32］习近平．习近平谈治国理政：第二卷［M］．北京：外文出版社，2018．

［33］习近平．在纪念马克思诞辰200周年大会上的讲话［M］．北京：人民出版社，2018．

（二）外文译著类

［1］柏拉图．理想国［M］．北京：商务印书馆，1996．

［2］黑格尔．哲学史演讲录：第1卷［M］．北京：商务印书馆，1983．

［3］黑格尔．法哲学原理［M］．北京：商务印书馆，1979．

［4］亚里士多德．政治学［M］．北京：中国人民大学出版社，2003．

［5］洛克．政府论：上、下［M］．北京：商务印书馆，1964．

［6］奥古斯丁．忏悔录［M］．北京：商务印书馆，1963．

［7］雅各布·布克哈特．意大利文艺复兴时期的文化［M］．北京：商务印书馆，1979．

［8］笛卡尔．第一哲学沉思集［M］．北京：商务印书馆，1986．

［9］卢梭．社会契约论［M］．北京：商务印书馆，1980．

［10］卢梭．论人类不平等的起源和基础［M］．北京：商务印书馆，1962．

[11] 卢梭. 爱弥儿：上卷 [M]. 北京：商务印书馆，1996.

[12] 霍布斯. 利维坦 [M]. 北京：商务印书馆，2013.

[13] 康德. 法的形而上学原理 [M]. 北京：商务印书馆，2015.

[14] 康德. 康德著作全集：第 6 卷 [M]. 北京：中国人民大学出版社，2007.

[15] 黑格尔. 小逻辑 [M]. 北京：商务印书馆，1980.

[16] 黑格尔. 法哲学原理 [M]. 北京：商务印书馆，1996.

[17] 黑格尔. 精神现象学：上、下卷 [M]. 北京：商务印书馆，1978.

[18] 费尔巴哈. 费尔巴哈哲学著作选集：下卷 [M]. 北京：商务印书馆，1984.

[19] 费尔巴哈. 宗教的本质 [M]. 北京：商务印书馆，2016.

[20] 托马斯·莫尔. 乌托邦 [M]. 北京：商务印书馆，1982.

[21] 托克维尔. 旧制度与大革命 [M]. 北京：商务印书馆，1992.

[22] 涂尔干. 孟德斯鸠与卢梭 [M]. 上海：上海人民出版社，2003.

[23] 西塞罗. 论国家 [M]. 北京：商务印书馆，1986.

[24] 让·梅叶. 遗书 [M]. 北京：商务印书馆，1961.

[25] 圣西门. 圣西门选集：第 3 卷 [M]. 北京：商务印书馆，1985.

[26] 傅立叶. 傅立叶选集：第 1 卷 [M]. 北京：商务印书

馆，1981.

［27］欧文. 欧文选集：上卷［M］. 北京：商务印书馆，1965.

［28］赫斯. 赫斯精粹［M］. 南京：南京大学出版社，2010.

［29］海德格尔. 海德格尔选集［M］. 上海：上海三联书店，1996.

［31］埃利希·弗洛姆. 健全的社会［M］. 北京：中国文联出版公司，1988.

［32］费迪南·滕尼斯. 共同体与社会［M］. 北京：商务印书馆，1999.

［33］麦金太尔. 德性之后［M］. 北京：中国社会科学出版社，1995.

［33］齐格蒙特·鲍曼. 共同体［M］. 南京：江苏人民出版社，2003.

［33］迈克尔·桑德尔. 自由主义与正义的局限［M］. 南京：译林出版社，2001.

［34］古尔德. 马克思的社会本体论：马克思社会实在理论中的个性和共同体［M］. 北京：北京师范大学出版社，2009

［35］胡塞尔. 欧洲科学的危机和先验现象学［M］. 上海：上海译文出版社，1988.

［36］诺齐克. 无政府、国家与乌托邦［M］. 北京：中国社会科学出版社，1991.

［37］让－吕克·南希. 解构的共通体［M］. 上海：上海译文出版社，2007.

[38] 罗兰·罗伯森. 全球化：社会理论和全球文化［M］. 上海：上海人民出版社，2000.

[39] 赫伯特·马尔库塞. 单向度的人——发达工业社会意识形态研究［M］. 上海：译文出版社，2008.

[40] 戴维·哈维. 后现代的状况［M］. 北京：商务印书馆出版2003.

[41] 罗尔斯. 正义论［M］. 北京：中国社会科学出版社，1988.

[42] 望月清司. 马克思历史理论的研究［M］. 北京：北京师范大学出版社，2009.

[43] 于尔根·哈贝马斯. 现代性的哲学话语［M］. 南京：译林出版社，1999.

（三）国内学者著作类

[1] 吴晓明. 马克思早期思想的逻辑发展［M］. 昆明：云南出版社，1993.

[2] 韩震. 生成的存在——关于人和社会的哲学思考［M］. 北京：北京师范大学出版社，1996.

[3] 俞可平. 从权利政治学到公益政治学：新自由主义之后的社群主义［M］. 上海：三联出版社，1998.

[4] 张奎良. 马克思的哲学思想及其当代意义［M］. 哈尔滨：黑龙江教育出版社，2001.

[5] 杨信礼. 发展哲学引论［M］. 西安：陕西人民出版

社，2001.

　　［6］郭湛. 主体性哲学——人的存在及其意义［M］. 昆明：云南人民出版社，2002.

　　［7］秦龙. 马克思"共同体"思想研究［M］. 沈阳：辽海出版社，2007.

　　［8］李德顺. 价值论（第二版）［M］. 北京：中国人民大学出版社，2007.

　　［9］贺来. 边界意识和人的解放［M］. 上海：上海人民出版社，2007.

　　［10］韩立新，姜海波. 德意志意识形态研究［M］. 北京. 中国人民大学出版社，2008.

　　［11］俞吾金. 意识形态论［M］. 北京：人民出版社，2009.

　　［12］臧峰宇. 马克思政治哲学引论［M］. 北京：中央编译出版社，2009.

　　［13］张盾，田冠浩. 黑格尔与马克思政治哲学六论［M］. 北京：学习出版社，2011.

　　［14］马俊峰. 马克思社会共同体理论研究［M］. 北京：中国社会科学出版社，2011.

　　［15］聂锦芳. 批判与建构：《德意志意识形态》文本学研究［M］. 北京：人民出版社，2011.

　　［16］杨耕. 危机中的重建：唯物主义历史观的现代阐释［M］. 武汉：武汉大学出版社，2011.

　　［17］张曙光. 现代性论域及其中国话语［M］. 武汉：武汉大

学出版社，2011.

[18] 丰子义. 马克思主义社会发展理论研究 ［M］. 北京：北京师范大学出版社，2012.

[19] 欧阳康. 马克思主义认识论研究 ［M］. 北京：北京师范大学出版社，2012.

[20] 马俊峰. 马克思主义价值理论研究 ［M］. 北京：北京师范大学出版社，2012.

[21] 贺来. "主体性"的当代哲学视域 ［M］. 北京：北京师范大学出版社，2013.

[22] 聂锦芳. 马克思的"新哲学"——原型与流变 ［M］. 北京：中国社会科学出版社，2013.

[23] 安启念. 通往自由之路——马克思哲学思想研究 ［M］. 北京：中国人民大学出版社，2016.

[24] 孙正聿. 哲学：思想的前提批判 ［M］. 北京：中国社会科学出版社，2016.

[25] 王南湜. 人类活动论 ［M］. 北京：北京师范大学出版社，2017.

（四）国内期刊论文

[1] 高国希. 麦金太尔对当代西方道德哲学的批判 ［J］. 社会科学战线，1994（4）.

[2] 郁建兴. 马克思的"自由人的联合体"思想新绎 ［J］. 政治学研究，2000（3）.

［3］郝永平. 进步观念的当代重建［J］. 中共中央党校学报，2000（8）.

［4］李士坤，高振强. 马恩的虚幻共同体理论与"三个代表"［J］. 安徽大学学报，2003（01）.

［5］秦龙. 马克思对"共同体"的探索［J］. 社会主义研究，2006（3）.

［6］王有炜，韩沛伦. 马克思与现象学"共同体人论"之比较［J］. 求索，2006（10）.

［7］秦龙. 马克思从"共同体"视角看人的发展思想探析［J］. 求实，2007（9）.

［8］秦龙. 马克思关于国家作为"虚幻共同体"思想的文本解读［J］. 求实，2008（2）.

［9］陶火生. "真正的共同体"与科学发展观的人本核心——人的社会化与人性化的社会建设［J］. 华侨大学学报（哲学社会科学版），2008（02）.

［10］刘忠全，陈东英. 自由的个人与和谐的共同体——"自由人的联合体"思想新绎［J］. 探索，2008（2）

［11］欧阳康，王晓磊. 在个性自由与集体合作之间保持张力——论马克思"共同体"思想的价值维度及其启示［J］. 求索，2008（5）.

［12］王虎学，万资资. "共同体""资产阶级社会""自由人联合体"——从人与社会的关系嬗变看马克思的社会"三形态"［J］. 湖北社会科学，2009（1）.

［13］梁惟. 马克思虚幻共同体理论之管窥［J］. 湖北社会科学，2009（1）

［14］邵发军. 马克思的"共同体思想"与唯物史观的关系探讨——兼与《马克思对'共同体'的探索》一文商榷［J］. 社会主义研究，2009（3）.

［15］李义天. 共同体与公民美德［J］. 天津行政学院学报，2009（3）.

［16］刘海江. 马克思共同体概念的哲学阐释［J］. 吉首大学学报（社会科学版），2009（5）.

［17］陈东英. 马克思共同体思想的主要来源和发展阶段［J］. 哲学动态，2010（5）.

［18］聂锦芳. "现实的个人"与"共同体"关系之辨——重温马克思恩格斯对一个重要问题的阐释与论证［J］. 哲学研究，2010（11）.

［19］肯尼迪·梅吉尔. 马克思哲学中的共同体［J］. 马俊峰，王志，译. 马克思主义与现实，2011（1）.

［20］王代月，万林艳. 从共同体到虚幻的共同体：马克思国家观嬗变的原因探究［J］. 北京行政学院学报，2011（1）.

［21］姚大志. 社群主义的自由主义批判［J］. 厦门大学学报，2011（3）.

［22］边立新. 资本批判和人的解放——马克思《1857—1858年经济学手稿》的主题［J］. 马克思主义哲学论丛，2011（2）.

［23］刘自美. 马克思政治哲学视野中的个人自由与共同体

［J］．理论学刊，2011（5）．

　　［24］侯才．马克思的"个体"和"共同体"概念［J］．哲学研究，2012（1）．

　　［25］王萍霞．马克思共同体思想的"赫斯因素"探析［J］．河南社会科学，2012（10）．

　　［26］张盾．马克思政治哲学中的个人原则与社会原则［J］．中国社会科学，2013（8）．

　　［27］李永杰．共同体与个体：马克思观察人类历史的一对重要范畴［J］．马克思主义与现实，2014（5）．

　　［28］张曙光．"类哲学"与"人类命运共同体"［J］．吉林大学社会科学学报，2015（1）．

　　［29］康渝生，胡寅寅．走向"真正的共同体"：唯物史观的致思理路［J］．理论探讨，2015（4）．

　　［30］高石磊．马克思共同体思想意蕴研究［J］．求实，2015（6）．

　　［31］牛先锋．从"虚幻的共同体"到"自由人联合体"——马克思国家理论及其对国家治理现代化的启示［J］．天津社会科学，2016（4）．

　　［32］贺来．"关系理性"与真实的"共同体"［J］．中国社会科学，2015（6）．

　　［33］贺来．马克思哲学的"类"概念与"人类命运共同体"［J］．哲学研究，2016（8）．

　　［34］梁树发．认识人类命运共同体的三个维度［J］．思想理

论教育导刊，2018（3）.

[35] 梁宇. 走向共同体治理：马克思的国家治理思想及其当代启示 [J]. 社会主义研究，2018（3）.

[36] 丰子义. 马克思与人类文明的走向 [J]. 北方论丛，2018（4）.

[37] 郭湛. 治理的根本：共同体、公共性及其发展理念 [J]. 华中科技大学学报2018 年（4）.

[38] 李德顺. 人类命运共同体的主体性 [J]. 党政干部学刊，2018（5）.

[39] 宇文利. 人类命运共同体视阈下当代中国人全球意识培育 [J]. 学术论坛，2018（6）.

[40] 杨信礼. 习近平新时代中国特色社会主义思想的价值取向 [J]. 人民论坛，2018（7）.

[41] 姜涌. 共同体价值观的可能性与现实性 [J]. 理论学刊，2018（7）.

[42] 张太雷. 唯物史观视野中的人类命运共同体 [J]. 马克思主义研究，2019（1）.

（五）国内学位论文

硕士学位论文

[1] 张静. 论共同体与中国乡村社会的发展 [D]. 济南：山东大学，2007.

[2] 赵艳琴. 马克思共同体思想的价值研究 [D]. 苏州：苏州

大学，2009.

　　[3] 樊红敏. 流动现代性视域下的共同体——对鲍曼共同体理论的研究 [D]. 天津：南开大学，2009.

　　[4] 成诚. 马克思共同体思想研究 [D]. 厦门：华侨大学，2010.

　　[5] 边国锋. 马克思共同体思想及其当代意义研究 [D]. 济南：山东师范大学，2011.

　　[6] 孙雅文. 马克思"共同体"思想研究 [D]. 厦门：华侨大学，2011.

　　[7] 杨帆. 马克思共同体思想及其当代性 [D]. 长春：东北师范大学，2012.

　　[8] 张欢欢. 从个体与共同体的关系视角透析马克思的历史理论 [D]. 吉林：吉林大学，2012.

　　[9] 胡业成. 马克思共同体思想的研究 [D]. 北京：中共中央党校，2013.

　　[10] 张齐东. 马克思共同体思想及其价值审视 [D]. 福州：福建师范大学，2013.

　　[11] 王汉华. 马克思共同体思想生成论研究——基于人的发展"三个阶段"视角 [D]. 海口：海南大学，2014.

　　[12] 郑琳琳. "自由人"之间何以共处——马克思哲学的共同体思想研究 [D]. 吉林：吉林大学，2017.

　　[13] 李峰. 构建"真正共同体"——马克思共同体思想与西方共同体主义比较研究 [D]. 重庆：西南政法大学，2017.

［14］张杰. 马克思的"真正共同体"思想研究［D］. 开封：河南大学，2017.

［15］刘栋. 马克思"自由人联合体"思想及其当代性研究［D］. 兰州：兰州大学，2017.

博士学位论文

［1］李永乐. 构建超越种族与区域的政治共同体［D］. 上海：复旦大学，2007.

［2］臧豪杰. 共同体思想视域下的中国政治价值选择［D］. 北京：中共中央党校，2012.

［3］王萍霞. 马克思共同体思想研究［D］. 苏州：苏州大学，2013.

［4］胡寅寅. 走向"真正的共同体"——马克思共同体思想研究［D］. 哈尔滨：黑龙江大学，2014.

［5］赵坤. 马克思个人与共同体关系思想研究［D］. 长春：东北师范大学，2018.

［6］张华波. 马克思共同体思想的历史性生成研究［D］. 成都：电子科技大学，2018.

（六）英文文献

［1］Lewis S. Feuer ed，Marx and Engels：Basic Writings On Politics and Philosophy［M］. London，1969.

［2］Laclau and Mouffe，Hegemony and Social Strategy：toward a Radical Democratic Politics［M］. London，Verso，2001.

[3] William Ebenstein, Alan Ebenstein. Great Political Thinkers: Plato to Present [M]. New York: Harcourt College Publishers, 2003.

[4] Rober B. Pippin, The Persistence of Subjectivity [M]. New York: Cambridge University Press, 2005.

[5] Ethan Kleinberg. Generation Existertial: Heidegger's Philosophy in France, 1927 – 1961 [M]. New York: Cornell University Press, 2005

致　谢

　　花开花落，锦瑟流年。在自得园最繁盛的时节，我要离开了，心中感慨不已。2016年7月23日，我收到了来自中共中央党校的博士研究生录取通知书，恰如无声处听到了惊雷，我知道新的人生改变即将开启，暗下决心定要学有所成。我自2012年报考中共中央党校以来屡试不第，却从未放弃向学之心，我为这份执着而无悔，更为自己得遇名师而庆幸。

　　衷心感谢我的恩师——中共中央党校（国家行政学院）杨信礼教授！我第一次见杨老师是在博士研究生复试的考场，内心无比忐忑。我任教十余年了，相较于应届毕业且风华正茂的同学内心很是自卑。可是，杨老师并没有嫌弃我，反而鼓励我，悉心教导我，把我领入了马克思主义哲学的堂奥之门。杨老师治学严谨，谦谦君子，笔耕不辍，从他身上我领悟到高级知识分子身上特有的人格魅力和风骨。得列杨老师的门下蒙受师恩，幸之乃甚。杨老师的博学、坦荡和儒雅无时无刻不在启发我、感染我，无论是杨老师的治学还是为人，都给我一种高山仰止、景行行止之感，言辞又何尝能够表达。

我只是写了这十几万字的文章就常常叫苦，而杨老师撰写了那么丰厚的学术成果却习以为常。博士论文写作期间，杨老师在尊重我个人学术兴趣的同时，又总是在论文的总体思路、逻辑结构、参考资料等方面给予我悉心的指导，并耐心细致地帮我修改论文。我深知这篇论文饱含了杨老师对我的关爱与期待、心血与汗水，以我的愚拙，这篇博士论文尚且达不到杨老师所期望的高度和水平。我也努力揣摩杨老师的每一处删改，在这个过程中更加深深地体会到杨老师的博学与严谨，并受益匪浅。在读书、思考、写文章的过程中我的博士论文终于完成了，历经这一漫漫的求索过程我明白了成长为"学者"的涵义。古人所谓读书得间，只有勤学、乐学、敏学的勇者才可以配享"学者"这个身份，我一定会继续努力、加油学习，力争成长为一名学者，不负师门荣光。

感谢中共中央党校（国家行政学院）的每一位授课老师；感谢中共中央党校（国家行政学院）钟国兴教授、辛鸣教授在论文开题时的指导与建议；感谢论文匿名评审五位未知的评阅专家犀利而又一针见血的评阅建议；感谢论文预答辩评审委员冯颜利老师、方国根老师、吴向东老师对本文的评阅、指导和点评；感谢论文答辩评审委员刘敬鲁老师、邹广文老师、边立新老师、钟国兴老师、郝永平老师、焦佩峰老师对本文的评阅、指导和点评；感谢读博期间的同窗好友和同门师兄弟姐妹以友情和智慧陪伴我度过学业上尤为艰苦的岁月；感谢中共中央党校（国家行政学院）研究生院老师们的悉心教导。

感谢父母双亲！是您们的无私大爱让我理解到家庭温暖于人生

的意义，理解到责任和担当于人的多重身份的含义。我一定会在家庭中更好地为人女、为人妻、为人母，在生活中与人为善，以感恩之心对待师长、同事、学生、朋友等，担当作为，不懈努力！

　　最后，还要感谢我的爱人和儿子，在我于北京求学期间，全力支持我的学业，给了我放心求知的机会！